CORRECTIONS

SUR LES TEXTES DU

Bayáno 'l-Mogrib
d'Ibn-Adhárí (de Maroc),

DES

fragments de la chronique d'Aríb (de Cordoue)

ET DU

Hollato 's-siyará
d'Ibno-'l-Abbár,

PAR

R. DOZY.

LEYDE, E. J. BRILL.
1883.

CORRECTIONS

SUR LES TEXTES DU

Bayáno 'l-Mogrib

d'Ibn-Adhárí (de Maroc),

DES

fragments de la chronique d'Aríb (de Cordoue)

ET DU

Hóllato 's-siyará

d'Ibno-'l-Abbár,

PAR

R. DOZY.

PRÉFACE.

Une édition princeps peut être satisfaisante quand elle a été
faite d'après plusieurs manuscrits anciens et relativement cor-
rects; mais il est impossible qu'elle le soit quand l'éditeur
n'avait à sa disposition qu'un seul manuscrit moderne et fautif.
Je ne l'ai éprouvé que trop: les textes d'Ibn-Adhârí et d'Aríb,
que j'ai fait imprimer il y a plus de trente ans, ont besoin
d'une revision. J'avoue qu'en partie la faute en est à moi:
désireux de faire connaitre, dans le plus bref délai, des docu-
ments nouveaux et d'une grande importance, et préoccupé en
outre par mes études historiques, dont mes *Recherches* ont été
le fruit, j'ai parfois commis des fautes qui ne sont pas dans
les manuscrits. Cependant celles qui tombent dans cette caté-
gorie sont en minorité; les autres, beaucoup plus nombreuses,
étaient inévitables, parce que je n'avais à ma disposition ni
les travaux lexicographiques qu'on possède à présent, ni les
ouvrages historiques et géographiques qui ont été publiés depuis, ni les manuscrits d'autres bibliothèques que j'ai copiés
peu à peu, tandis que ces livres imprimés et manuscrits ser-
vent en plusieurs endroits à corriger le texte du manuscrit
incorrect et unique d'Ibn-Adhârí.

J'aurais désiré, par conséquent, de donner une édition plus satisfaisante de mon ancienne publication, mais c'était impossible parce qu'elle n'est pas encore épuisée, car on sait que le nombre des arabisants est petit et que les livres arabes, dont l'impression est coûteuse, se vendent lentement. Ne pouvant faire autrement, je me suis donc résigné à donner mes corrections en forme de notes.

Pour ces notes j'ai collationné de nouveau et avec soin le man. d'Aríb et celui d'Ibn-Adhárí. Là où je restitue la bonne leçon du man., je mets la mauvaise entre parenthèses et je la fais suivre de la correction, sans ajouter un l. (c.-à-d. lisez), car quand cette lettre est ajoutée, elle signifie que la correction est une conjecture ou empruntée à un autre auteur.

Pour la plupart ces corrections sont importantes et indispensables. Quelques-unes, cependant, ne se rapportent qu'à des minuties, des fautes d'impression ou des lettres cassées, que j'ai indiquées par un astérisque, et ne voulant pas trop en grossir le nombre, j'ai passé sous silence celles que chaque lecteur corrigera de soi-même, ainsi que de petites fautes orthographiques (p. e. مشآتـة pour مشـاتـي, etc.) et çà et là l'omission des signes de la rime dans la prose. Pour épargner de la peine au lecteur, j'ai aussi renvoyé aux corrections que j'avais déjà données dans les notes jointes à l'édition.

J'ai fait suivre ces corrections par d'autres qui se rapportent à une partie du *Hollato's-siyará* par Ibno-'l-Abbár, à savoir aux biographies des nobles arabes-espagnols qui ont cultivé la poésie et que j'ai publiées dans mes *Notices sur quelques manuscrits arabes*, dans mes *Scriptorum Arabum loci de Abbadidis*

et dans mes *Recherches sur l'histoire et la littérature de l'Espagne*, mais d'une manière défectueuse, parce que je n'avais
à ma disposition qu'une copie fautive du man. de l'Escurial
(le seul que l'on connaisse), faite sur l'ordre de Condé et qui
se trouve dans la Bibliothèque de la société asiatique à Paris.
Un orientaliste bavarois, feu M. Marc-Joseph Müller, a eu la
bonne idée de profiter de son séjour à l'Escurial pour colla-
tionner mon texte sur le man. qui se trouve dans ce monastère,
et pour copier le reste de l'ouvrage, c'est-à-dire les articles
relatifs aux Africains que j'avais exclus. En 1866 il commença,
dans la première livraison de ses *Beiträge zur Geschichte der
westlichen Araber*, l'édition de ces derniers, et il annonça en
même temps qu'il la ferait suivre de la collation des autres.
Rendant compte de son livre dans le Journal asiatique allemand [1], j'applaudis cordialement à son dessein. Malheureuse-
ment la mort l'a empêché de l'accomplir, et l'Académie des
sciences à Munich a bien publié en 1878 la seconde livraison
des *Beiträge*, qui contient la fin de la partie africaine, mais
en déclarant qu'elle n'en ferait pas paraître davantage. Cependant la collation de Müller ne sera pas perdue pour la science.
Elle a passé avec ses autres papiers dans la Bibliothèque de
Munich, où je la vis l'année dernière, et le savant bibliothé-
caire, M. Aumer, m'a accordé très gracieusement la permission
de l'emporter ici à Leyde afin d'en faire usage.

Elle m'a semblé faite avec une exactitude très grande, mi-
nutieuse même. Souvent Müller a observé que le man. est
conforme à mon édition quand il s'agit de passages qui ne

---

1) T. XX (1866), p. 614.

présentent aucune difficulté, ou bien il a noté des *lapsus calami* tels que الدلالة الاسية pour الدلالة الاسية (*Notices*, p. 158, l. 9), si toutefois le man. a réellement cette faute, car j'avoue que j'ai peine à le croire. Toujours est-il que son travail m'a convaincu que la copie de Paris est encore bien plus mauvaise que je ne le soupçonnais, et qu'il m'a mis en état de corriger un très grand nombre de fautes.

Le savant bavarois y a joint quelques conjectures, que j'ai données sous son nom quand elles me semblaient bonnes, et que j'ai passées sous silence dans le cas contraire, de même que je l'ai fait pour ses objections quand elles me paraissaient sans fondement, et les corrections que j'avais déjà données moi-même, soit dans mes notes, sont dans mes errata, soit enfin dans le troisième volume de mes Abbadides, dont la publication est postérieure au travail de Müller.

En ne donnant que des corrections, parmi lesquelles il y en a plusieurs qui m'ont été fournies par d'autres ouvrages où les mêmes vers sont cités, j'ai fait ce que le savant bavarois, avait lui-même l'intention de faire. Mais il aurait valu bien mieux, j'en conviens tout le premier, de publier une édition complète de l'ouvrage d'Ibno-'l-Abbár, car celui qui voudra le lire d'un bout à l'autre, sera obligé à présent de recourir à six livres: mes Notices, mes Abbadides, la 3ᵉ édition de mes Recherches[1], les Beiträge de Müller, la Biblioteca Arabo-Sicula d'Amari et ce livre-ci; ce qui à coup sûr est un grave inconvénient, sans compter qu'il devra chercher en outre quelques

---

1) J'ai réimprimé dans ce volume les textes qui se trouvaient dans la 1re édition de mes Recherches, mais qui n'ont pas été reproduites dans les deux autres. J'étais obligé de le faire parce que cette 1re édition est depuis longtemps sortie de la circulation.

pièces de vers dans le Bayán ou dans Abdo-'l-wáhid. Cependant j'ai reculé devant les difficultés d'une telle entreprise, et en ce moment elle me semble encore prématurée, car une édition complète devrait être une édition définitive, et je ne me sens pas en état de la donner. Le man. de l'Escurial fournit, il est vrai, beaucoup de corrections, mais il est relativement moderne, ayant été écrit en 990 (1582), plus de trois siècles après la mort de l'auteur et au temps de la décadence; il n'est pas aussi exempt de fautes qu'on le désirerait et il contient, sans compter qu'il est acéphale, un grand nombre de lacunes, car il ne comble aucune de celles que j'ai signalées dans mes éditions. Peut-être trouvera-t-on un jour un autre man., moins incorrect, moins défectueux, ou dont la collation pourrait en tout cas contribuer à établir un meilleur texte, et dès lors une édition, ayant la prétention d'être définitive, ne le serait plus. Mais supposé même qu'un tel espoir soit chimérique, alors il est du moins à peu près certain que plusieurs poèmes, dont l'interprétation est parfois un vrai casse-tête, même quand le texte n'est pas altéré, se retrouveront peu à peu avec de meilleures leçons dans d'autres ouvrages. Dans ce cas on pourra corriger, non-seulement le copiste, mais Ibno-'l-Abbár lui-même, car je ne puis me défendre de la crainte que dans les vers quelques fautes ne soient de lui. Il citait parfois de mémoire[1] et la mémoire est trompeuse, ou bien il avait sous les yeux des copies altérées. Au commencement du VIe siècle de l'hégire, Ibn-Bassám s'en plaignait déjà à propos des vers de ses contemporains.[2]

---

1) Voyez, p. e., *Notices*, p. 231, l. 5 s f.
2) Voyez *Script. Arab. loci de Abbad.*, t. III, p 42.

Je laisse donc l: tâche de donner une édition complète, accompagnée d'un index des noms propres et d'une traduction qui ne sera nullement superflue, à un savant d'une autre génération. Müller et moi, nous avons fait pour ce livre difficile ce que nous pouvions; qu'à son tour il fasse ce qu'il pourra!

NOTES SUR L'INTRODUCTION.

P, 6, l. 18—21. Lisez: était encore loin d'être accomplie. Les adversaires du dernier roi Roderic finirent par livrer etc. — P. 9, l. 18 et p. 11, l. 8 (aç-Çamíl) l. aç-Comail. — P. 14, l. 1 et suiv. Tammám a aussi écrit un ouvrage en prose; voyez mes *Recherches*, 3e édit., II, p. 263 et suiv. — P. 20, l. 29 (Benou-at-Tawíl) l. Benou-at-Towail, car ce nom est écrit *Atoel* dans le man. de Meyá, § 23 (dans les *Memor. de la Acad. de la Hist.*, t. IV). — P. 21, n. 2. Ajoutez: Sa biographie est dans al-Makkarí, I, p. 491—493. — P. 29, n. 2. Lisez: Le passage etc. — p. 40, et celui que donne Ibno-'l-Khatíb (man. G., fol. 7 r.) ne se trouvent pas etc. — P. 37. Après l. 1 ajoutez: Le passage d'Aríb que cite al-Makkarí (II, p. 93, l. 2) se trouve dans mon édition (I, p. ٢٧). J'ai déjà fait cette remarque, ainsi que quelques autres qui suivent ici, dans un article inséré dans le *Zeitschr. d. D. M. G.* de 1866 (XX, p. 590). — P. 38, n. 1. Rousseau s'est trompé en disant qu'Ibn-Chebát écrivait dans le Ve siècle de l'hégire; il est plus récent. Voyez de Goeje, *Descriptio al-Magribi*, p. 14, n. 1. — P. 40, l. 6. Lisez: par Ibn-Saíd, cité par al-Makkarí (I, p. 661, l. 3 et 4), qui atteste qu'Aríb a abrégé, corrigé, complété et continué la chronique d'at-Tabarí. Cet écrivain dit à peu près la même chose dans ses additions etc. — P. 41, l. 1. Lisez: Aríb ibn-Sad jouissait comme historien d'une grande

réputation, car on lit dans un panégyrique en vers (*apud* al-
Makkarí, I, p. 643, l. 3): «Quand il écrit l'histoire, je dis:
C'est Aríb.» Mais il n'était pas seulement historien etc. —
P. 42, l. 11 et 12. Cet ouvrage d'Aríb n'était pas un traité
de l'art vétérinaire, mais un كتاب الأنواء, un calendrier, comme
Ibno-'l-Auwám le dit lui-même; voyez les passages de cet
auteur que j'ai cités dans le *Zeitschrift*, p. 599 et suiv. J'y
ai aussi prouvé que notre auteur était né chrétien, qu'il avait
embrassé l'islamisme, et que le nom d'Aríb ibn-Sad qu'on lui
avait donné à cette occasion, était celui d'un ancien tradition-
naire. — P. 42, n. I. Substituez *quatorze* à *vingt-quatre* et
quinzième à *vingt-cinquième*. — P. 44, n. 2. M. de Gayangos
s'est trompé; Ibn-Abd-rabbihi ne dit point qu'al-Mondhir ne
laissa pas de postérité; on peut s'en convaincre en consultant
son *Ikd* (II, p. 361), qui a été imprimé il y a peu d'années
en Egypte, d'après le man. qu'en possède M. Ch. Schefer. —
P. 49 à la fin. Chez Ibno-'l-Abbár (p. 91, l. 8) il faut substituer لثلاث عشرة خلت à ليلة عشرة خلت (c'est une faute du
copiste). Le 13 Chauwál 277 (28 janvier 891) tombait réellement un jeudi. — P. 50, l. 2 et 3. Ibn-Adhárí dit: le jeudi,
23 Ramadhán. Différence d'un jour: le 23 Ramadhán 277
(8 janvier 891) tombait un vendredi. — P. 75, l. 1. Al-Makkarí, comme je l'ai dit plus haut, cite une fois Aríb; mais je
pense que c'est une citation de la seconde main, empruntée au
الذخيرة par Ibno-'l-Abbár, qu'il nomme l. 4. — L. 10 et
suiv. L'histoire d'al-Mançor par Ibn-Haiyán forme une partie
du *Moktabis* de cet auteur, mais elle a aussi été publiée sépa-
rément avec des additions; voyez Ibno-'l-Abbár, p. 149,
l. 12—14, p. 154 à la fin. — P. 78, avant-dern. l. Dans la
rime, Ibno-'l-Khatíb (dans Müller, *Beiträge zur Geschichte der
westlichen Araber*, p. 11, l. 10) écrit معرب البيان. — P. 79,
l. 11 et suiv. J'ai été agréablement surpris, il y a quelques

années, en rencontrant un second exemple de ce nom propre bien singulier et bien rare, Ibn-Adhárí. C'est dans un article du *Dictionnaire biographique*, composé vers la fin du XIIIe siècle par le Marocain Ibn-Abdo-'l-melic, que je l'ai trouvé (voyez sur cet auteur et son ouvrage, la 3e édition de mes *Recherches*, t. II, Append., n° V), et comme cet article est très court, je le donne ici dans son entier (man. de Paris, n° 682 suppl. ar., fol. 186 r.): محمد بن علي بن محمد بلنسى

أبو عبد الله ابن عذارى (sic) روى عن ابى عبد الله مولى الزبيدى روى عنه ابو الربيع بن سالم وكان معلّمًا فى الكتّاب. D'un autre côté, M. Gildemeister a décrit dans le Catalogue des man. orient. de Bonn (voyez p. 13), qui a paru en 1876, un man. du *Cartás*, qui contient aussi un petit extrait de cette partie du *Baydn* qui n'est pas dans le man. de Leyde, et où l'auteur de ce livre est appelé أبو العباس العذارى ou simplement العذارى. J'accepte le prénom d'Abou-'l-Abbás pour notre auteur, car rien ne s'y oppose, et je pense avec M. Gildemeister que le *dál* pour le *dhál* est une faute de peu d'importance; mais je crois aussi que ce savant s'est trompé en appuyant sur la circonstance que le man. de Bonn ajoute constamment l'article, et en disant que par conséquent il faut prononcer al-Idhárí. Son opinion devrait être admise s'il y avait une bonne autorité pour cet *al*, car alors al-Idhárí serait un nom relatif formé du nom propre Idhár (voyez le *Lobb al-lobáb*); mais celle du man. de Bonn qui fourmille de fautes, est à peu près nulle, tandis qu'Ibno-'l-Khatíb écrit toujours ابن عذارى sans article, et que la même leçon se trouve dans le man. d'Ibn-Abdo-'l-melic, qui est très ancien et très correct. Adhárí n'est donc pas un nom relatif, car les noms de cette espèce ne peuvent se passer de l'article: c'est un nom propre ou un sobriquet; mais pour l'expliquer et même pour en fixer la véritable prononciation (avec l'*a* ou avec l'*i*), il faudrait posséder le témoignage explicite d'un auteur arabe, et c'est ce qui nous manque jusqu'à présent. — P. 80, l. 1 (فرامت). Lisez فرأست avec le man. du Caire d'Ibno-'l-Khatíb, dont je possède une copie depuis 1879 et que je désignerai dans la suite par la lettre C. Il y a entre lui et celui de M. de Gayangos une parenté très proche; cependant, il a confirmé quelques-unes de mes corrections et m'en a fourni encore d'autres, qui ont rendu nécessaires quelques changements dans mes traductions. — L. 2. M. Grætz (*Geschichte der Juden*, 2ᵉ édit., VI, p. 16, n. 1) est d'avis que nous avons eu tort, Munk, de Slane et moi, de prononcer ce nom berbère Bolokkín, et que M. de Gayangos a prouvé (II, p. 502) qu'il faut dire Balkín. Ce dernier dit qu'il l'a trouvé écrit بُلُكِّين dans un man. d'Ibn-Khaldoun du Musée britannique (Add. 9575, fol. 70) et dans son man. d'Ibno-'l-Khatíb. Quant au dernier, j'en doute, car dans la copie que j'en ai faite, je n'ai pas marqué de voyelles, ce que je n'aurais pas manqué de faire, je crois, si j'en avais rencontré, et en tout cas ce man. est trop mauvais pour faire autorité. Celui d'Ibn-Khaldoun n'en fait pas davantage, car il est très récent (de l'année 1682; voyez le Catal., p. 145). Par contre, nous avons pour la prononciation Bolokkín le témoignage formel d'Ibn-Khallicán (pas d'Ibn-Khaldoun comme M. Grætz le dit par erreur), qui épelle le mot en nommant toutes les voyelles (I, p. 136 éd. de Slane), ainsi que l'autorité du bon man. de l'auteur magribin Abdo-'l-wáhid, où il est écrit بُلَجِّين (p. 97 et 163 de mon édit.), et celle du man. de l'Escurial d'Ibno-'l-Abbár (82 v.), où c'est بلقين. Peut-être dans cette circonstance comme dans d'autres [1], M. Grætz aurait-t-il

---

1) Voyez, p. e., la 3e édit. de mes *Recherches*, I, p. 380—1, n. 1.

bien fait de ne pas trop se fier à M. de Gayangos. Quant à
Abraham ben-David, son כלקין ne prouve rien, ni dans l'un
ni dans l'autre sens; ce sont simplement les consonnes que les
Arabes donnent aussi [1]. — P. 81, l. 3 et 9. Pas Samuel,
mais Joseph; voyez plus loin. — P. 82, l. 4 et suiv. La date
de 1055, à laquelle Abraham ben-David fixe la mort de Samuel, a trouvé de zélés défenseurs dans M. Grætz (*Geschichte
der Juden*, 2e édit., t. VI, p. 332 et suiv.) et M. Steinschnei-
der (*Catal. libr. Hebr. Bibl. Bodl.*, p. 2464 et suiv.). Je re-
connais volontiers la force de leurs arguments, et ce que j'ai
dit sur Samuel et son fils Joseph devra être modifié en ce
sens, que les récits relatifs à des événements postérieurs à
l'année 1055 se rapportent, non pas au père, mais au fils, les
Arabes ayant souvent confondu l'un avec l'autre. — P. 83,
dern. l. C. confirme ma correction. — P. 84, l. 1. C. a aussi
la faute كلام, mais il donne correctement اللغى. — L. 5. Pour
ست C. a un blanc. — L. 6 (ثمانين) C. ثمان, ce qui donne
458; Joseph fut tué en 459. — P. 86, l. 10. C. a correctement ورجوعها. — L. 11. C. الرسناقى; peut-être doit-on lire ici,
chez al-Becrí, p. 93, l. 6, et dans le Bayán, t. I, p. ١٠, l. 7,
الوشتاقى, nom relatif formé de وشتاته, endroit qui se trouvait
dans le voisinage de Fez et que nomme al-Becrí, p. 116, l. 18.
— L. 14. C. عبيته comme j'ai corrigé. — L. 15. C. confirme
ma correction واعلن. — L. 16. J'avais vu depuis très longtemps
qu'il faut lire: وهجر شرابه الذى لا صبر له عنه C. a la bonne
leçon. — L. 17 (الجيشة) l. الجبيتة avec C. — Dern. l. Le و

---

1) La troisième consonne de ce nom berbère, que les Arabes représentent tant
bien que mal (car elle n'a pas d'équivalent dans leur ancienne langue) par ج, ك
ou غ, est un g dur (Bologguín). Ibn-Khaldoun employait le ك avec un point en
dessous pour la désigner; aujourd'hui les Kabyles la représentent par ڭ.

avant كيما est de trop; aussi C. ne l'a-t-il pas. Pour ينفتح
— lisez avec C. يبيبدهم, et ensuite avec le même همه.
P. 87, l. 1 (عـن) lisez عـنـك avec C. — L. 2. C. a aussi من
قسوت عمـومـه; M. Fleischer, que j'ai consulté, propose de lire
مِن قُوّةِ هُمُومِهِ, «par suite de la véhémence de ses soucis;» il
était tellement dévoré de soucis, qu'il ne voulait pas différer
l'exécution de son projet. — L. 3. La bonne correction de
M. Graetz, يوسف بن اسماعيل, est confirmée par C. — L. 4. C.
confirme ma correction محملا. — L. 6. C. correctement الازل. —
L. 7. C. porte على ما باستباحتهم, mais il faut lire comme je l'ai
proposé. — L. 8. Prononcez فَأَنْسى. — L. 10. C. a un blanc
entre الزام et لا. — L. 11 (يغزونك) lisez يغزونك avec C. Après
وجنتك le copiste de C. a ajouté le signe ٢, pour indiquer que
le texte lui semblait altéré; cependant je persiste à croire que c'est
plutôt une réticence calculée. — L. 14. Corrigez نسوانا (comme
dans C.). — P. 88, l. 1. C. a معتصم comme j'ai corrigé, et
اقتدوا (sans و), ce qui est bon. — L. 2 (انا) l. انا avec C. —
L. 5. C. a من ايمن, sans و. — L. 8. C. a aussi وعدك اصبارهم
avec le signe ٢ sur le second mot. — L. 9. C. سيدى comme
j'ai corrigé. — L. 12. C. ابن عذارى, avec le dhál. — Dern.
l. Lisez ومتحدرين avec C. et supprimez la note 3. Le mot que
j'ai prononcé عُمَلا est sans doute عُمَّالا, et il faut y ajouter la
copulative, وعُمَّالا. — P. 89, l. 2. C. هدايتة. — L. 3. C.
ومائة. — L. 4. C. ومدارك comme j'ai corrigé. — L. 6. C. correctement بالعلمين. — L. 12. C. بالتدقيق comme j'ai corrigé. —
L. 14. Prononcez كُلَّ مُسْتَقِلٍّ. — Dern. l. C. ماقتنا للاسباب. M.
Fleischer veut lire ماقتنا للاسباب مع زكته et le sens serait: ayant

eu horreur les moyens [qu'on emploie ordinairement pour parvenir], quoiqu'il fût un parvenu. J'avoue qu'il me reste encore quelque doute, mais je n'ai rien de mieux à proposer. — P. 90, l. 1 et 2. C.: محلل ملك يهود نشعة نسكوا لها اعناقم.

M. Fleischer propose: دجَلَّلَ قُلُكَ يهود نعشة نَكَسُوا لـها اعناقم

et traduit: «et alors des damnés de juifs entourèrent son cercueil, pour lequel ils courbèrent le cou» (afin de le porter). La correction نكسوا me semble excellente et incontestable. جَلَّلَ serait, selon M. Fleischer, comme *envelopper*, quand ce dernier verbe est synonyme d'*environner*, *entourer*, et le verbe قُلَك qui précède aurait suggéré à l'auteur l'expression de قُلُك يهود, qui a la prétention d'être spirituelle. — L. 3. Lisez plutôt معلنين (c.-à-d. مُعْلِنِينَ) avec C., *publiquement*. — L. 6. C. a ورشحه et مخذومه comme j'ai corrigé. — L. 8. C.: القواعد خدمته; lisez قواعد خدمته. — L. 9. C. والاستعاضة comme j'ai corrigé. — L. 10. C. correctement اليهودى. — L. 11. A écrire الاسرائلى, ou, comme dans C., الاسرائيلى. — L. 12. C. وتحرك ابن, mais il faut lire comme je l'ai proposé. — L. 13 (الزهد) lisez الذهن avec C. — L. 16 (انساء) l. نساء. — L. 18. C. وتوليذك (c.-à-d. وَتَوْلِيذَكَ) et c'est bon, car c'est le n. d'act de la IIe forme de ولى dans le sens d'*imposer* une chose à quelqu'un, avec deux accus.; voyez mon *Suppl. aux dict. ar.* — L. 19. C. correctement جواريه. — Deru. l. Ce شعر n'a rien d'obscur; c'est شَعَر. — P. 91, l. 1. Après اُلْسَتَتِم ajoutez ces mots qui se trouvent dans C.: وملاءت عليه غيظا صدورهم. Ensuite C. a وتلاعبت comme j'ai corrigé. — L. 6 C. confirme ma correction ورطه, mais pour فتلوا il a ينوجهوا. — L. 8. C. فرحصوا comme j'ai corrigé. —

L. 11. Lisez avec C.: يعرفه احاد من اليهود. — L. 12. Il faut lire علوّ (chez Bocthor *colline*, *éminence*, *hauteur*) et ensuite تعتزى. — L. 13. Lisez avec C. على الحدث; puis il a احجار et la faute كمسلمان. — L. 14 (الوزفة) l. التزوّقه avec C. — L. 15. Après والاكراد C. a محلته الا; je lis ملته الاّ. — P. 92, l. 11 et 12. Lisez: il s'abstint de boire du vin, ce dont ordinairement etc. — P. 94, l. 11. Lisez: Yousof ibn-Ismáíl. — L. 19—24. Lisez: supposons encore que vous réussissiez à faire périr en partie les Arabes de votre capitale, et ne comptons pas le péril d'une telle entreprise; mais alors comment exterminerez-vous tous les autres qui demeurent dans votre capitale et dans vos campagnes? Croyez-vous qu'ils se résigneront à oublier le malheur etc. — P. 96, l. 6 (Samuel) l. Joseph. — L. 18 et 19. Lisez: de son père, et à des employés qui professaient la même religion; tant que cet homme vécut etc. — P. 98, l. 1 et 2. Lisez: et Ismáíl jeta ainsi les fondements du ministère de son fils etc. Le texte étant corrigé à présent, les cinq dernières lignes de la note 1 doivent être supprimées. — P. 100, l. 3. Lisez: figure et une prompte intelligence; il conduisit etc. — L. 12 et 13. Lisez: plus haut en parlant de ce prince etc., et supprimez la note 3. — L. 18. Après *le général* ajoutez: parce qu'il s'était aperçu que cet homme était un rival qui voulait le supplanter. — Après la note 4 on peut ajouter que j'ai publié et traduit dans le premier volume de mes *Recherches* tous les vers qui nous restent de ce poème. — P. 101, l. 17— p. 102, l. 1. Lisez: ces deux tombeaux se trouvent, au dehors de la porte d'Elbíra, sur une hauteur qui est au travers de la route; ils sont couverts de pierres de tuf très lourdes. Supprimez les notes 2 et 3; الاحدث serait le pl. de تحدث, mais à présent C. nous a donné la bonne leçon الجدث. — P. 102,

l. 3—6. Après littéraires, lisez: Nous avons cru devoir racon-
ter quelque chose à son sujet, parce que sa religion seule nous
empêche de lui consacrer un article dans ce livre où nous
traitons des etc. — P. 103 et suiv. J'ai abandonné depuis
longtemps l'idée que le man. de Copenhague, n° 76 in-q°,
serait un fragment du *Bayán*. Un passage de ce dernier livre
que cite Ibno-'l-Khatíb (man. G., fol. 69 r.) et qui, dans ce
cas, devrait se trouver dans le man., n'y est pas, et les courts
extraits publiés par M. Gildemeister (Catal. des man. or. de
Bonn, p. 13 et suiv.) n'y sont pas non plus. Quant au passage sur Mohammed Ier de Grenade, que j'ai donné p. 104,
je pense qu'Ibn-Adhárí a copié l'anonyme ou *vice versa*, ou
bien qu'ils ont puisé tous les deux à à même source.

NOTES SUR LE TEXTE DU PREMIER VOLUME.

P. ٢, l. 4 et 5. Les paroles de cette tradition sont : ان البرد
الشديد والاجر العظيم لاهل افريقية (al-Becrí, p. ٢٢ éd. de Slane). —
L. 6 خريفا l. (خريعا) (automne, puis année; voyez Lane). —
L. 12 et n. c. Ces deux noms sont لوبية ومراقية; voyez Yacoubí,
p 128, l. 1, Ibno-'l-Athír, III, p. 20, l. 6, etc. — L. 13.
حلم (pubère, adulte) est bon; l'auteur a voulu dire qu'Amr
imposa la djizya à tous ceux qui avaient atteint l'âge de pu-
berté. — P. ٦, l. 17 (وثارت) l. وثأرت. Prononcez وسبقت (dont
le mot suivant est le sujet). — L. 18 et n. a. وركبهم, est bon. —
P. ٧, l. antépénult. Voyez p. 108 des notes. — P. ٨, l. 2 et
n. a. Peut-être faut-il lire فطبق, dans le sens de saisir (voyez
mon Suppl. aux dict. ar.). — L. 4 et n. b. انتقمد est bon,
comme je l'ai dit depuis longtemps (voyez le Glossaire de M.
Wright sur Ibn-Djobair, p. 33, l. 1 et 2). — P. ٩, l. 3.
Voyez p. 108 des notes. — P. ١٢, l. 19 (ورجع للخبر) la copula-
tire est de trop. — P. ١٣, l. 9. Prononcez : وله يتحدث فيه بناء. —
P. ١٤, n. b. Voyez p. 108 des notes. — P. ١٦, l. 4 (ليستنفذ)
*ليستنفذ. — L. 13. Il faut lire لم علينا عهود; cp. Ibno-'l-Athír,
IV, p. ٩٢, l. 4. — L. 17 et n. a. والشعرا (c.-à-d.) وَالشُّعُرَاءَ se

rapproche davantage des traits du man. — L. 20 (ابن حرب)
l. المنبر (النصر) l. فأمر l. — P. ١٧, l. 2 — بن قيس — Dern. l. (رايم)
L. 6 l. وللمشركين l. (والمشركون) — L. 11 l. (كثيرا) كثير. — P. ١٢,
l. 11 (لندخل) l. — P. ٢٠, l. 11 .انحرف (أحرف) ينحرف (ينحرف)
فرحل (cp. p. ٢٢, l. 15). — L. 15 et n. *a.* حَسَّان est de la seconde déclinaison si on le dérive de حَسّ, et de la première si
on le dérive de حَسُن (Wright, *Arab. gramm.* I, p. 279). On
peut donc conserver ici et ailleurs la leçon du man.; — سكتانة
semble devoir être مكـلانـة; cp. p. ١٧, l. 12, et al-Becrí,
p. 147. — L. 18 (يقتلها) يقبلها. — L. 20 et n. *b.* Voyez
p. 108 des notes. — P. ٢٢, l. 18. Voyez *ibid* — P. ٢٣, l. antépénult. et n. *b.* Voyez *ibid.* — P. ٢٩, l. 2 (تخذ يه) فأخذه. —
N. *d.* Biffez le mot *fortasse.* — L. 14 et 15. Voyez p. 109
des notes. — Dern. l. (احرذ) l. أَجَرَّذ comme chez Ibno-'l-Athír,
IV, p. 409, l. 15. — P. ٢٧, l. 4 et 5. Voyez p. 109 des
notes. — L. 14 (البـراير, le second) l. البـراير. — P. ٢٨, l. 15
(ورنجـوم) ورنجـوم. — L. 19. Voyez p. 109 des notes. — P. ٢٩,
l. 6 (تنشخت) l. تنشخت. — L. antépénult. جوارى est vulgaire;
l. جوار. — P. ٣٠, l. 4 et n. *a.* Voyez p. 109 des notes. —
L. 11 (ومنورثة) ومنرثة. — P. ٣٢, l. 11 (يجعل) لحمل. — Note *b*
à biffer. — P. ٣٢, l. 9 (فيحصصم) l. فيحمَّر comme t. II, p. ٢,
l. 20. — P. ٣٣, l. 8 (يوذروا) يوذروا. — P. ٢٤, l. 12. Voyez p.
109 des notes. — P. ٣٥, l. 7 (نوفل) l. تَوبيل et voyez Abou-
'l-mahásin, I, p. 271, l. 8 et n. 3, le *Cámous* et Wüstenfeld, *Register zu den géneal. Tabellen.* — P. ٣٩, l. 3 (لـداخـل)
l. لـدخـل. — N. *b.* Voyez p. 109 des notes. — P. ٣٧, n. *f.*
Voyez *ibid.* — P. ٣٩, l. 5 (البرير) l. البرابر. — L. 12 et n. *b.* Le

طرائف du man. est bon. — L. antépénult. et suiv. Il faut lire:
(سلف) P. ۴۰, l. 14 — . فعـل لـم ما رأيكم فقالوا ان نعطيه السخ
l. شَلف (bon, p. ۴۲, l. 1). — P. ۴۱, l. 10 (ومعاتلته) ومعاتلته
L. 18 (منازلهم) l. منازلَـكم. — P. ۴۳, l. 9 (منها) عنها. — L. antépénult. واستباحتها l. (واستباحها) l. رونيها. — P. ۴۴, l. 6
P. ۴۵, l. 2 (فيَقتل) prononcez فيَقتَل. — L. 6 et n. b. Voyez
p 110 des notes. — L. 8 et n. d. Le man. a عن (pas من) et
il faut prononcer: دخرج عن ذلك كله من أمر صالح وابنه أنَّ
ابتداء. — P. ۴۱, l. 13 (قتل, le second) كـل. — P. ۴۸, dern. l.
(ابو عطاف) l. ابن عطاف, comme p. ۴۱, l. 5. — P. ۴۱, l. 1
(من) l. فى. — L. 14 Après صالحـو on lit encore dans le man.
على; c'est على للجزينة. ....ا — P. ۵۱, l. 3 et n. a, l. 16, l. 18
et l. 20. Voyez p. 111 des notes. — Dern. l. et n. d. Ce
غريبه semble un *lapsus calami* de l'auteur ou du copiste pour
حجيبـه, comme on trouve dans l'endroit correspondant, t. II,
p. ۴۰, l. 9. — P. ۵۲, l. 2 (اميم) امرى, c.-à-d. أمرَى. — L. 9.
Voyez p. 111 des notes; le mot qu'il faut est عضوضنا, comme
M. Fleischer l'a dit. — L. 11 et n. d, l. 13. Voyez *ibid.* —
P. ۵۳, l. 3, 4 et n. e. Je pense qu'il faut insérer عمّالـه après
ولّى; cp. l. 8 et 9. — L. 12 (لحف) l. لحقه. — L. 19 (يثو) رويثو
P. ۵۴, l. 3 (ورزتاج) man. ورزتاج; mais il faut lire ورزتاج; cp. *Hist.*
des Berb. trad. III, p. 293; 301, etc. — L. 5 et 11. Le nom
est (اركونذا) زجيج (زحياك) chez Ibn-Khaldoun I, p. ۱۰۱). — L. 9
Le man. semble porter plutôt اركنذ; chez Ibn-Khaldoun (I, p.
۱۰۱) اوكنذ (p. ۱۲۲) ou أوكنثة. — L. 10 (وموغرة) l. ومدغرة (= ومطغرة).
— L. 17 (ضريس) ضريس. — P. ۵۵, l. 7. Après وفيها ajoutez
كن, qui manque dans le man. — Les deux dern. l. (هذا وكذلك)

P. ٥٩, — .يبخلع سون, c.-à-d. بخلع سون. Lisez عذه وتقذفها l. l.

P. ٥٨, — .العرب على ان (العرب ان) L. 11. — *.جعم (جعم) l. 1

يوثرون لمّ (يوثرون) l. فكتب. — P. ٥٩, l. 1 (فكانب) l. dern. l.

L. 7 (ابن) اى *. — L. 8 et 9 et n. d. Voyez p. 111 des notes. —

N. ʃ (ولايته نحو سنين) ولايته نحو سنين. — Dern. l. Voyez p. 111

des notes. — P. ٦٠, l. 15 (بعقلاس) عبعلاس l.; voyez de Goeje,

Descr. al-Magribi, p. ٢٧, l. 6, Edrísí, p. ٨٣, l. 2 éd. de

Leyde. — P. ٦١, l. 6. Voyez p. 111 des notes. — P. ٦٢, n. d.

Ajoutez: ut etiam apud nostrum, p. ٦٧, l. 14, p. ٣٦٧, l. 19. —

Dern. l. (سنة) سنة*. — P. ٦٦, l. 20. Voyez p. 111 des notes. —

P. ٦٧, l. 1 *.فوجِد (الوجِد). — P. ٦٨, l. ابن عثمن l. (ابو عثمن). — P. ٦٩, l. 8

L. 14 (عمرو) عمر. Ici le man. a عمر. — P. ٦٩, l. 13 (حجاب) le man.

semble porter plutôt حجاب. — L. 17 (تكد اليزيد) دتكدا ليزيد *. — —

P. ٧٠, avant-dern. l. (واستخلف) فاستخلف. — P. ٧٢, l. 2

(اللخضاء) اللخضنة *. — P. ٧٤, l. 11 et suiv. Ibn-Adhárí, comme

l'a observé M. de Goeje (Descr. al-Magribi, p. 137). est tombé

ici dans de graves erreurs. Il a lu ماشت (ville sur la côte du

Sous al-akçá), au lieu de مسنة, qui est une ville sur le Wádí

Warga, et Idrís n'a pas trouvé la mine d'or, mais elle se trouve

près de Tázá, comme dit al-Becrí (p. 118). — P. ٧٥, l. 1

قسم الظير. On dit ordinairement قسم et de là طير et قدم pour grande calamité, ruine, mort (voyez mon Suppl. aux dict.

ar.). Peut-être faut-il donc substituer dans le texte un ى au س.

Cependant on semble aussi employer قسم dans le sens de قدم,

car قسم انفذ est (Asdí) قسم تنعد نصفين. — L. 4 (رجا) رجدّة. — L. 6

— .وسار l. (واسار) L. 17 — .بعزلة l. (بعزله) P. ٧٦, l. 14 — .ليلة (الليلة)

P. ٧٧, l. 13 et 18. Voyez p. 111 des notes. — P. ٧٨, l. 11

(جعلوا) — L. 19 (تتركوه) mieux تتركه. — Dern. l. احزم (اخرم)

l. جعلا. — P. ٧٩, l. 5 (ابن) l. ابن. — P. ٨٠, l. 18. Voyez p.

111 des notes. — P. ٨١, l. 15. Voyez *ibid.* — P. ٨٢, l. 5.

Voyez p. 112 des notes, mais il faut lire يخالف. Dans le pas-

sage des *Loci de Abbad.* que j'ai cité, c'est خَلْقَه, comme je

l'ai dit t. III, p. 116. — L. 6 يقولون كُنّا استرحنا (يقولون استرحنا)

P. ٨٣, l. 9 (جمعة) l. الجمعة. — L. antépénult. Voyez p. 112

des notes. — P. ٨٤, l. 3. Voyez p. 112 des notes. — L. 9

(ولانت) فكانت (وكانت). — L. 13 — *.دارًا لامراه (دار الامراه)

Voyez p. 112 des notes. — L. 2. Voyez *ibid.*; le man., qui,

ici comme ailleurs, donne الا pour الى, confirme les deux cor-

rections de M. Fleischer. — L. 5. Voyez *ibid.* — Avant-dern.

l. يحدت (يحدت) *.• — L. 3. — والتبجيل (والتسهيل). — P. ٨٧, l. 1

Voyez p. 112 des notes et cp. p. ١٢٠, dern. l. — L. 9 (ومحالج)

ومصالح •.* — Les deux dern. l. Voyez p. 112 des notes. — P.

٨٨, l. 13 (وكثر) فكثر. — L. 15 (٢.٢) وفي سنة ٢.٢ — Avant-

dern. l. الطنبذق (الطنبيرى). — P. ١., l. 17 الخروج (الخروج) .•* — P.

(d'après Yâcout), ou bien الطنبذق (selon le *Lobbo-'l-lobâb*). —

L. 18 (يبعث) l. يبعث. — L. 19 (مسلمين) مسلحين. — Avant-

dern. l. (بطنبيرة) l. بطنيذة. — P. ١١, l. 5 (اعدنام) اعد نكم

L. 17 (يستنزر لكك) يستنزلك استنزل dans le sens de *tâcher de se*

rendre quelqu'un propice, de l'apaiser; voyez mon *Suppl. aux*

dict. ar.). — P. ١٢, l. 2, 8 et 15 (الطنبيرى) l. الطنبيذى. —

L. 10 et n. a. Lisez ونَفل. — P. ١٣, l. 5 (واستقم) l. واثر. —

P. ١٤, l. 1. Le man. est endommagé ici par l'humidité, mais

M. de Goeje croit distinguer اصحابه. — L. 6 (الطنبرى) l. الطنيذى. —

L. 8 (بطنبيرة) l. بطنيذة. — L. 16 (المغرج) l. المخرج (de Goeje,

Descr. al-Magribi, p. 71, n. 2). — L. 17 (اجزاء). Le man.
porte جزاه; lisez جزاوى; — P. ٩٥, l. 8 (مثد) منذ *. — L. antépénult. (يداء) l. بده comme chez al-Becrí, p. 110. — Avant-
dern. l. (مبى) l. مبنيّا. — P. ٩٦, l. 3 (الى ذلكا) chez al-Becrí
ابن ذلك. — L. 5 et n. *a*. Lisez لما انعيش comme chez al-Becrí,
et ajoutez للحسى, qui est dans le man. — L. 7 et n. *b*. Le
dernier mot est مقاض chez al-Becrí; mais comme ce masc. ne
s'accorde pas avec le fém. ضيضاء de notre texte, il faut lire
comme chez al-Becrí: والكشيح غير مقاض. — L. 9 (ومنها), le
second) l. منذ. — L. 12 et n. *c*. Al-Baçra se trouvait vis-à-vis
de Gibraltar et il ne peut être question ici de la ملوية. Comme
l'itinéraire est le même que celui que donne al-Becrí (p. 111),
où Másina est nommée comme la résidence d'Isá ibn-Hasan,
M. de Goeje propose de placer وادى avant ورغة, comme chez
al-Becrí, et de changer le nom de la note *c* en مسينة. — L. 13
(حسين) l. حسن avec al-Becrí. — L. 14 (محمد) chez al-Becrí
يحمد. — L. 18 (ابن ابى الجوارى). M. Amari (*Bibl. Arab.-Sic.*,
p. 355) corrige ابن الجراوى. — Dern. l. (غزو) غزو *. — P. ٩٧,
l. 5 (مينا). M. Amari corrige ميناو. — L. 15 (ونفر). Le man. a
وهر; lisez وهرب. — Avant-dern. l. (الغراب). Ici le man. semble
porter اغرائد; p. ٩٨, l. 2, il a الغراب, et l. 8 distinctement
الغرئى. — P. ٩٨, l. 16 (وعطيت). Le man. porte وعطات avec un
petit trait sous la dernière lettre. La conjecture de M. Fleischer (dans Amari), واعطيت, me semble inadmissible, de même
que celle de M. Amari (dans sa traduction italienne), وعُطيت,
car cela ne se dit pas et il faudrait en tout cas منه ou عليه,
pas ﻻ. Je lis وحطمت en comparant II, p. ٢٥٥, l. 4: وحطموا
عدّة من مراكبهم. — Avant-dern. l. (كتير) كثير *. — P. ٩٩, l. 10

(المدثر). M. Amari soupçonne دنداري, Tindaro. — L. antépénult. Le man. d'Aríb a aussi (*Baydn* I, p. ١٢٠, l. 5) جزر. — P. ١١, l. 2 (وابوابه) l. وابراتـه, de أُرَّى, vulgaire pour la IVᵉ forme de رأى, ou bien وابداتـه. Dans l'un et dans l'autre cas, la construction avec الى est un peu étrange, mais الى remplace ici لِ; on dit أرى الشيء, et ابدى لـ, comme dans ابدى لـ صفاحته, et ابدى لـ الشيء, Bidpai p. 140, l. 1. — L. 17 et n. *b*. Il ne faut pas ajouter عن (استعراد) l. استعداد. — Dern. l. (جزّة) *٭جزة*. — P. ١٢, l. 16 (سمرينة) altération de Camerina selon M. Amari. — P. ١٧, l. 8 (زروعمها) نزروعمـه. — Dern. l. (احسى) حسن. — *٭*, P. ١٨, l. 3 (٢٥٦) فباخـذوا (نباخـذوا). — P. ١٩, l. 4 ٢٥٢*٭*. — P. ١١١, l. 2 et 3 (رباح) رباح? (Amari). — L. 4 et n. *c*. Voyez p. 113 des notes. Il faut lire نبيـل, comme M. Amari l'a vu, qui cependant a eu tort d'ajouter بـ. — Avant-dern. l. (رمتي) l. ورمتا. — P. ١١٢, l. 5 (استعمالة) l. استعمالـة. — L. 9 (باعداد) l. باعداد, mais avant ce mot il manque quelque chose. — L. 19 (طرلون) طولون*٭*. — P. ١١٣, l. 4 (ناتبس) يتلبس. — L. 7 et n. *b*. Conservez le على du man., car le verbe بحث se construit quelquefois avec cette préposition; voyez mon *Suppl. aux dict. ar.* — L. 12 (الحسين) l. للحسن comme p. ١١١, l. 13. — L. antépénult. (محفور) l. نحـفور, Niceforo (Amari); (سمرينة) l. سمرينة, Santa Severina (le même). — P. ١١٤, l. 19 (لا) بـر. — L. 20. La phrase كان بينهما قتل كثير est déplacée ici; on pourrait l'insérer l. 17, après: فناديه اعل القيروان القتـل. — P. ١٥, l. 12. Lisez بلغت فى السخط comme chez Ibno-'l-Abbár (dans mes *Notices*, p. 146, n. 4). — Dern. l. Voyez p. 113 des notes. — P. ١١٤, l. 17 et avant-dern. Voyez *ibid.* — L. 18

(نحوا) l. نحوا. — L. antépénult. Voyez p. 113 des notes. —
P. ١١٥, l. 9 (ضعيف) بتضعيف. — L. antépénult (الخلل) الخلل. —
*. تفاتنتم (تفاتنة) تجمعوا (اجتمعوا). — L. 20 *. —
P. ١١٦, l. 7 (مضاعف) l. مضاعفا. — L. 9 (فجاء) وجاء. — L. 19
(مغتصبا) *. — L. antépénult. (لا) لا. — P. ١١٧, l. 11
(واحتل) l. واحتل. — L. 13 et n. b. A rétablir le ين du man. —
P. ١١٨, l. 4 (الحبشى) l. الحبشى, comme p. ١١٤, l. 15. — L. 5
(الخز) l. الخز. — P. ١١٣, l. 10. Voyez p. 114 des notes. — Dern. l.
(للرجوع) l. للرجوع (Fleischer dans l'Appendice d'Amari). —
P. ١٢٠, l. 1 (تتقبض) l. تتقبض (le même, ibid.). — L. 14 (ودقّت).
M. Fleischer (ibid.) propose وحرقست ou bien وغرقست; mais ni
l'une ni l'autre leçon ne ressemblerait à ودقت, comme le man.
porte très distinctement. Et pourquoi دقّت لم سفن, «quelques-
uns de leurs navires furent brisés, mis en pièces,» ne serait-il
pas bon? Il me semble qu'on peut dire دقّت السفينة aussi
bien qu'on dit en parlant d'un pont qui s'écroule: اندقّت
المقنطرة (Ibn-Adhârí II, p. ٢٢, l. 1). — L. 19 (رامة) l. ربّه,
Reggio (Amari). — Avant-dern. l. Voyez p. 114 des notes. —
P. ١٢١, l. 16 (يدا) l. بده. — P. ١١٧, l. 3 (رقّة) *. — P. ١١٨,
l. 8 (وجلس) وحبس. — P. ١٢٣, n., l. 1 et 4. Voyez p. 114
des notes. — L. 6 (القواد) والقواد (AB). — L. 11 (يشير) يشعر
(AB). — P. ٣٠, l. 10 (اللذين) l. اللذان. — L. 12. Après
بسوسة ajoutez k. — P. ١٣١, l. 1 (لا) لل. — L. 5. Après عون
B. ajoute ومحمد. — P. ١٣٧, l. 2 (ورفع) B. رفيها رفع. — L. 3
(فقهاء الريفية) B. الفقهاء. — L. 16 (ورفع) l. ورفع. — P. ٢٣٣, l. 7
(يلتيهم) l. يليهم. — N. u. Biffez le mot male. — P. ١٣٤, l. 2
(وتبسط) l. ويبسط. — L. 8. Après بن على بن زيد ajoutez بن —

L. 14 (واشتغلت) واستغلت *. — P. ١٣٥, l. 16 (جزائ) جـزاؤ *. —

L. 20 (بطلية) l. بطلية. — P. ١٣٦, l. 2 (جهل) B. porte حيمل. —

L. 6 (علة بنيد) l. عنده بيّنة témoin; voyez mon *Suppl.*
aux dict. ar). — L. 13. Voyez p. 114 des notes. — L. 15.
Après فقلت ajoutez ل. — L. 16. Voyez p. 114 des notes. —

P. ٣٧, l. 13 et n. c (ل) ولا قبلنك (ولا قنى. — P. ١٣٨, l. 18
(كلم) écrivez ما كلّ. — P. ١٣٦, l. 14 (جمل) حيمل, et p. ١٣,
l. 17 B. a la deuxième lettre sans points. — P. ١٤١, l. 10. B.
قسطيلية, A. قسطيلية. — P. ١٤٢, l. 1. Avant لست ajoutez يوم
السبت (AB). — L. 10 (حاشك). La signification de la III°
forme de حشك, supposé même qu'elle existât, ne conviendrait
point. Lisez تحاشك (= تحاشل). — P. ١٤٤, l. 2, 5 et n. c
الاجمل (الاجمك). — L. 5 lisez [تمر]; après صارا B. ajoute الى
عشر. — L. 16. الل dans A.; B. مل; après ستة ajoutez
(AB). — P. ١٤٥, l. 5. Man. يجزر. — L. 13 (وحضر)
L. 17 (ثمة). Ces points sont dans le man. d'une autre main;
lisez بيمة. — P. ١٤٦, dern. l. Après اقبل B. ajoute ابو عبد
الله الشيمى (علن). — P. ١٤٧, l. 12 (يقرا) يقرا. — P. ١٤٨, l. 11
على *. — P. ١٤٦, l. 4 (ائر) A. ائر. — P. ١٥٠, l. 17. Voyez p. 114
des notes. — P. ٥١, l. 12 (وحضع) A. وخنع, qui est bon
aussi. — L. antépénult. (اسقول) اشقول chez al-Becrí (p. 77,
78, 79, 89), chez Edrísí (p. 172 éd. de Leyde) et dans notre
livre, p. ٢٠١, l. 5. — P. ١٥٣, l. 9 (نغلط) l. نغلط. — N. a,
l. 2. Après لعقيم ajoutez من القيروان. — L. 14. Supprimez
l'astérisque avant خلف *. — P. ١٥٤, l. 1 et 4 (يرقجنة) l. يرقجنة;
voyez al-Becrí, p. 66, 67; dans le premier endroit B. porte
يرفاجنة, et dans le second il omet les points. — L. 9 (ارب)
probablement ارب = ربذ (comparez de Goeje, *Descr. al-Mugribi*,

p. 89, 90). — P. ١٥٥ et ١٥٦. Voyez p. 114 des notes. — P. ١٥٦, avant-dern. l. (ابند) *. — P. ١٥٨, n. a. Voyez p. 116 des notes. — *. وعلى العطا (و)على العطا (أمِنَ) B. a من لم. — L. 13 (العطا) B. a من لم. — P. ١٥٩, l. 2 (الحيب), mot que le man. a sans points, doit être lu البحنث, *parjure*. Il s'agit du serment par le divorce. Si quelqu'un a dit: «Je jure de répudier ma femme, si je fais telle chose (ou bien, si je ne la fais pas),» et que cependant il la fait (ou que, dans le cas contraire, il ne la fait pas), est-il alors obligé de répudier sa femme ou non? En d'autres termes: un tel serment est-il obligatoire ou non? La plupart des docteurs ont allégué de bonnes raisons pour décider que, comme d'autres serments du même genre, il ne l'est pas, et l'on peut consulter à ce sujet deux traités d'Ibno-'t-Taimíya que possède notre Bibliothèque (n° 1016(3), Catal. IV, p. 135). Le sens du passage de notre texte est donc que si quelqu'un a dit: «Je jure de répudier ma femme irrévocablement, si je fais telle chose,» et que cependant il ne la fait pas et ne répudie pas sa femme, il n'est pas coupable de parjure. — L. 18 (يمسك) تمسك (la première lettre est sans points dans le man.). — P. ١٦٠, l. 7 *. — P. ١٦١, l. 15 (بالمغرب) بالمغرب. — *. عثمن (عثن) — L. 16. Biffez مدينة. — L. antépénult. (شر) سر. — P. ١٦٢, l. 9 (محتوم) *. — L. 11. Lisez أعطى وحبّى (le dernier mot sans point dans le man., mais avec ى). — L. 18. Mettez] avant محمد *. — Avant-dern. l. Mettez l'astérisque après في ذلك *. — P. ١٦٣, l. 6. A. a partout باج. — P. ١٦٤, l. 4 (طعنوا) mieux انطعنا. — L. 11. La grammaire exige تسع عشر. — P. ١٦٥, l. 14 (مديك). Dans le man. le و a été effacé. — P. ١٦٦, l. 5. Après الله A. ajoute على. — L. 6 (منازل) A. منازل. — L. 8. Prononcez وخسف. — P. ١٦٧, l. 4 (البه) البه (AB). — L. 17. بن

الى الظفر est un *lapsus calami* d'Aríb ou de son copiste pour
بن الى النقاسم, comme l'a observé M. Wüstenfeld, *Gesch. der
Fatimiden*, p. 86, n. 1; mais ce savant ajoute à tort qu'Ibn-
Adhárí a reproduit cette faute, car ce passage ne se trouve
que chez Aríb. — P. ١٧٠, l. 11 (المروزى) B. avec ذ. — P. ١٤١,
l. 3 (يبطحوولهما) l. يبطحوولهما. — L. 11 (يلدية) ٠ يلديه. — Avant-
dern. l. (وشتانه) l. وسبانه (dans le man. sans points). — P. ١٧٢,
l. 2 (بخيل معد). Le man. porte معد بخيل l. نحبيل معد ? —
P. ١٧٣, l. 2 (لا لا) مله. — L. 5. Voyez p. 116 des notes. —
Avant-dern. l. (يحضر به) يحضرته (sans points dans le man.). —
P. ١٧٥, n., l. 1. Voyez p. 116 des notes. — L. 3 (عيناه) عبادة. —
L. 15. Voyez p. 116 des notes. — N. *g* (واليهم) واليهم. —
P. ١٧٦, l. 9 et 10. Mettez les mots على ما jusqu'à تعالى entre [ ]. —
P. ١٧٧, l. 1 (واجـل). Ainsi dans le man., avec le *djím*, pas
احـل, avec le *há*, comme Fleischer veut lire (dans Amari).
Cette dernière leçon ne donnerait pas de sens; la première
signifie: «il (Abou-Saíd) tourna les Cotáma contre les femmes
et les enfants qui se trouvaient dans les faubourgs.» Nous
dirions: il les lâcha après. — L. 6 (ورفيقهم) l. ورفيقهم; le man.
a cette leçon, mais sans points. — P. ١٧٨, l. 7 (وكلمـا) mieux
ما ولى. — P. ١٨٠, l. 1 (واستمڌ) l. واستمـر; جزئية (جزئية) comme
chez al-Becrí, p. 92. — L. 7 (الوشتاق) l. الوشتاق? Voyez plus
haut, p. 5. — L. antépénult. (يغرخة) l. بقرية et voyez al-Becrí,
p. 93, les deux dern. l. — P. ١٨١, l. 1 (وابـى) l. وابـقى (al-
Becrí). — L. 6 (يزرموق) l. يزرمهم (le même). — L. 13 et n. *b*.
On peut conserver l'accus. ابيـنا, qui dépend alors de كتـب;
cp. al-Becrí, p. 94, dern. l. — L. 14 (اقتلكم) l. قتلكم ارى
comme chez al-Becrí et chez Ibn-Khaldoun (*Hist. des Berb.*, I,
p. 284). — L. 15 (عدلا) l. كتلا comme chez les nièmes auteurs. —

L. 18 (les mêmes). تُوَنِّل لِلْجِبَل (ءَميل مع الجبل) l. — P. ۸۲,
l. 2 (أحمد بن العباس) chez al-Becrí أحمد بن العياش بن ۸۰. — L. 9
(يستطيع). Le passif peut se défendre; mais al-Becrí a l'actif
يستطيع. — L. 14. l. الأرذل وابن الأرذل لَمَّا طغى (le même). —
L. 15 (البلغم) chez al-Becrí البلغام. — L. 16 et 17. l. comme
chez al-Becrí:

قل نكور دون ربى معقلى
اثو محتوم القضاء الفيصل

L. 18. Chez al-Becrí ce vers est:
من الاله كالحريق المشعل

et il a de plus:

نحل ارضا طل ما لم تحلل

L. 19. Voyez p. 116 des notes; mais il faut prononcer comme
je l'ai fait et non pas comme l'a fait M. Fleischer; le pronom
se rapporte à الارض («le peuple du bourg de ce pays»). —
Avant-dern. l. (لا) l. فو comme chez al-Becrí; شاعشنة, qu'al-
Becrí a aussi, ne doit pas être changé, comme l'a fait M. Fleischer (voyez p. 116 des notes), mais la faute est dans le dernier mot; chez al-Becrí c'est لم تغسل, et dans notre man.
(bien qu'un peu indistinctement) لم تفتل, c.-à-d. تُفْتَل, ce
qui vaut encore mieux. — P. ۸۵, l. 14 (الاستثناء) l. الاستثناء. —
P. ۸۹, l. 17. Mettez un astérisque avant الى*. — P. ۸۷, l. 10
(والجنين) l. والجنين comme chez al-Becrí, p. 117. — P. ۸۸,
l. 6 (نستدل); la deuxième lettre est sans point dans le man.;
l. ليستدل. — L. 10 et n. c. On pourrait lire: لثن عظم الحرام
وما يليد. — L. 14 (يعراص) يعراص. — L. 18. Voyez p. 116 des
notes. — P. ۸۹, n. f. A. l. B. — P. ۹۰, l. 1. Ajoutez [après

يَكْفُرُوا *. — P. ١٨٢, l. 14. C'est يَبْتُرُ. — P. ١٨٣, l. 1 (ابن علي).
Son père était au contraire Mohammed ibno-'l-Câsim (de Goeje,
Descr. al-Magribi, p. 123). — L. 13 (الرُّشَا) mieux الرِّشَا; voyez
Lane. — L. 16. Pour الى سلمان A. donne سليمن. — L. 19
(الاسْتُخْرَى) هاسْتَخْرَى. — Avant-dern. l. Voyez p. 116 des notes. —
Dern. l. (سعيد) دسعيد *. — P. ١٨٤, l. 16 (البسى) sans points
dans le man.; l. تُشْبِى (Amari). — P. ١٨٥, l. 19 (الامين) لأَمِين;
correction de Fleischer (dans Amari), que le man. confirme. —
Dern. l. Pour اخبى A. donne كل. — P. ١٨٦, l. 3 (رجل). C'est
ainsi que le copiste a écrit d'abord, mais il semble l'avoir
changé en رجا. — L. 11 (وادى) mieux واب. — Dern. l. (مطّمته)
probablement مطّمته, puisque cette tribu habitait les environs
de Táhort (al-Becrí, p. 66 et suiv., de Goeje, *Descr. al-Magribi*, p. 115 et suiv., al-Mokaddasí, p. 218, l. 7). — P. ١٨٧,
l. 3 (بابن) A. ابن; mais Aríb construit استمد avec ب (p. e.
p. ٢٠٤, l. 15, II, p. ٦٧, dern. l., p. ١٨٥, l. 8, p. ٢٣٣, l. 12),
et Ibn-Adhárí le fait également, t. II, p. ٧٠, l. 14. — L. 4
(فليزموا) c.-à-d. فليَزِموا. — L. 8 (المغرب) A. بالمغرب. — L. 12.
C'est مكلاتة. — P. ١٨٨, l. 4 (صابر). Ici et partout ailleurs
(p. ١٨٩, l. 16, p. ٢٠٤, l. 11, 12 et 13) ce nom est صابس (*sic*)
dans le man.; صابن dans la chronique de Cambridge. — L. 6.
Mettez l'astérisque après وليها *. — L. antépénult. (خمط) l. خميط
comme chez al-Becrí, p. 101, où l'on trouvera plusieurs variantes. — Avant-dern. l. (يشرتة). Voyez p. 117 des notes; chez
al-Becrí يسرونها, ce qui vaut beaucoup mieux. — P. ١٨٩, l. 9
et n. g. سار est préférable. — P. ٢٠٠, l. 7 (لغيمر) prononcez
لغيمر et voyez mon *Suppl. aux dict. ar.* — L. 10 (ذكرُوا ذكر). —

L. 11. Le man. est endommagé ici par l'humidité, mais M. de
Goeje, qui a de meilleurs yeux que moi, dit qu'il porte جنبها
لا زل يقر. — P. ۲۰۱, l. antépénult. Voyez p. 117 des notes. —
P. ۲۰۲, l. 15 (سيار). Dans le man. la dernière lettre semble
plutôt un ن sans point. — P. ۲۰۳, l. 5 (اسسها) l. اسمها (la
ville), comme dans al-Becrí, p. 142, chez qui la date est
259. — L. 9 (والمزرع) l. والضرع comme chez le même. — L. 10
(يزتني). M. de Goeje (Descr. al-Magribi, p. 92) pense que le
nom véritable est بولیان. — L. 16 (وفي) l. وهو. — P. ۲۰۴, l. 1
(وارت) وارث*; mais tous les autres chroniqueurs appellent ce
prince Abdo-'l-wahháb (de Goeje, Descr. al-Magribi, p. 101).
Conservez la leçon de la n. a. — L. 2 (من) l. ۲۰۸ — L. 3.
Lisez comme dans la n. b. — P. ۲۰۶, l. 5. Voyez p. 117 des
notes. — P. ۲۰۷, l. 5. Lisez المعدووا (هو) من. — L. 17 (نصر)
نزفرة*. — L. 19 (ثلاث) l. ثلاث. — P. ۲۰۸, l. 5 (والجليين) l. والجلين
comme dans Edrísí, p. 88 éd. de Leyde. — L. 10 (الجلسة) l.
الجلسة. — L. 11 (النخر) والنخر; والشخر n'est pas une faute,
mais الشخر est préférable. — L. 15. Voyez p. 117 des notes;
mais la leçon de ce vers, dans lequel le man. a ترمى (pas
ترق), me semble fort incertaine, et en général je regrette de n'avoir
pu confronter cette pièce avec un man. plus correct. -- P. ۲۰۹,
l. 2. Voyez p. 117 des notes. — L. 15 (حسار) l. جسار. —
P. ۲۱۰, l. 4. Mettez في الغرب entre []. — L. 8 (ويجتلب) وبجلب —
L. 10 (ويشرطها). Ce verbe ne se construit pas avec l'accus.,
mais avec على. Notre auteur a mal copié al-Becrí, qui donne
(p. 103) وفي شرقيها. — P. ۲۱۱, l. 4 et 6 (يزدوش) l. تودوش. —
L. 5. Voyez p. 117 des notes. — L. 8 (الغرب) الغرب*. — L. 12
(ماجكسن) chez al-Becrí (p. 104) ماجكن. — L. 13 (التيرير) انيرابر. —

L. 14 (محمد) et (الراضى) chez al-Becrí et محبر et. — L. 16
(قلامنتة) l. قلامنة comme chez le même; peut-être notre man.
a-t-il aussi cette leçon, mais indistinctement; — (تتلّم) تتلّم.
— P. ٢١٢, n. *a*. L. est و*. — N. *b* (الغرب) الغرب. — P. ٢١٣, l. 1.
C'est عنصبة. Pour ce qui suit, M. de Goeje m'a fourni une
correction excellente, à savoir وزن يُلْيَنَة «il était suspect de
pédérastie.» Ordinairement, il est vrai, le mot ابنة désigne le
vice du jeune homme qui se livre aux pédérastes (voyez, p. e.,
at-Thaálibí, *Latáïf*, p. 63, l. 4 et 9 éd. de Joug); mais mon
savant ami remarque qu'il a aussi l'autre sens et il cite al-
Cazwiní, t. II, p. 227, dern. l.): وكان رجل به ابنه (l. أَيْنَة) يدعو
— يعللك عُلَيْنَ خليل — L. 2 et n. *b*. Lisez العبيان الى نفسه.
L. 5 (الغارى) n'existe pas; le man. n'a pas de points; l. الغرارى? —
L. 8, 12 et 15. Voyez p. 117 des notes. — P. ٢١٤, n. *a*
(جمر) مدينة جمر. — L. 6 et 14 (الامين) chez al-Becrí (p. 151)
الامير. — L. 8 (اسخلك). Le man. a un point sous le ل; lisez
يخلك comme chez al-Becrí. — L. 9 (ابى). Le man. a ابى;
lisez الى, et مسعد, au lieu de مع, comme chez le même. —
L. 12 (٢٩٧). Sous l'année 297; voyez p. ٦٢, avant-dern. l. —
P. ٢١٥, n. *c*. C'est par Ibn-Khallicán, dans son article sur
Abou-'l-Câsim al-Câïm (VII, p. 129 éd. Wüstenfeld); qu'on
voit ce que notre auteur a voulu dire, car il s'exprime en ces
termes: وكان ابو المهدى قصد بيبعد بولاية العهد فى حياته بافريقية
وما معها وكانت المكتب تكتب باسمه. On pourrait donc rétablir
notre texte de cette manière: وكانت المكتب تكتب فى لولم والسلمه
مسرب. — P. ٢١٦, l. 6 et n. *a*. Le man. n'a pas عظمة, mais
خلمة, écrit un peu indistinctement et sans point sous la première lettre. Il faut lire عظلمة, car il s'agit du parasol qui

était la marque distinctive de la souveraineté. Dans le passage déjà cité d'Ibn-Khallicán, on trouve immédiatement après les mots que j'ai copiés: راسه على تحمل والمظلة. — l. 7 (بسيره) l. سيرة. — P. ᴘᴠ, l. 7 (تقدّموا) l. تقدّم. — Avant-dern. l. Voyez p. 117 des notes. — P. ᴘᴠ, l. antépénult. (عبيد الله) chez al-Becrí (p. 123) عبيد الله. — P. ᴘᴘᴨ, l. 2 (تسلمت) chez le même (p. 124). — L. 8 (يحيى بن محمد) l. comme chez le même — L. 11. Le nom لهاتن semble altéré. On pourrait penser à لهباتة (Ibn-Khaldoun trad. I, p. 170, 275) ou à الهبية. — L. 12 (انقسم) l. لاتقسم. — L. 17. L'auteur s'est ici trompé deux fois, car 1° l'aïeul des Hammoudites n'était pas Alí ibn-Omar, mais son frère Obaïdolláh; 2° Alí n'avait pas épousé la fille de Yahyá, mais l'épouse de Yahyá, Atika, était fille d'Alí (de Goeje, *Descr. al-Magribi*, p. 123). — P. ᴘᴘᴨ, l. 2 et n. *a*. Conservez la leçon du man. بالعلام, qui est aussi dans al-Becrí (p. 125). — L. 13. Voyez p. 117 des notes. — P. ᴘᴘᴨ, l. 14 et 15 (ابن عم) et (ابن عمى). L'auteur aurait dû écrire عمه et ابن اخى (de Goeje, *Descr. al-Magribi*, p. 123). — L. 18 (الحمد) l. محمّدنا. — L. 19 (محارب) محارب; mais cp. al-Becrí avec l. 18 et 19. — P. ᴘᴘᴨ, l. 13 et n. *g*. Biffez l'astérisque, et dans la note, les mots سعيد بن. — P. ᴘᴘᴨ, l. 8 (مائة الف). Ibno-'l-Abbár, dans l'endroit correspondant (*apud* Amari, p. 330), donne مائتين — الف. — P. ᴘᴘ۴, l. 3 (حربنا) chez al-Becrí (p. 60) غربنا — L. 7. Après فى ajoutez سنة. — L. 15 et n. *c*. Mettez les mots الغار والعبه dans le texte. الغار est la caverne où Mahomet se cacha avec Abou-Becr après sa fuite (voyez le Corân, IX, 40, Ibn-Hichám, p. 328). Comparez Abou-'l-mahásin, II, p. 311, qui dit en parlant d'al-Cáïm: اظهر سبّ الانبيله وكن منديه

ينادى العنوا الغار (الغار ١.) وما حوى Le عباه est le manteau de
Mahomet, dont il enveloppa aussi sa fille, son gendre et ses
deux petits-fils, et l'expression اعل العباه ou اعل الكساء désigne
la famille du Prophète. — P. ٢٢٥, l. 9 (والجمع). Le و est bien
dans le man., mais il faut le biffer. — P. ٢٢٦, l. 8 (اعدائكم)
L. 12 et 13 (وادى الملحى) chez al-Becrí (p. 29) اعداوكم. —
الوادى الملح. — P. ٢٢٧, l. 7 et n. a. Lisez comme dans le man.
(anguille) et voyez mon Suppl. aux dict. ar. — L. 16, 17 et
n. d. Il ne faut pas ajouter الى, mais substituer زحف à زاحف,
comme chez al-Becrí, p. 31. — Dern. l, (اخلى) l. اجلى comme
chez le même, p. 57. — P. ٢٢٨, n. a. Le man. a القاسم au
lieu de القاسم. — L. 14 (حابى) l. حابين et voyez plus haut. —
L. 17 et n. b. Voyez p. 117 des notes. — P. ٢٣٠، l. 20 (ينادىها)
ينادها. — P. ٢٣١, l. 19 (المسطاسى) chez al-Becrí (p. 135)
السطاسى؛ ومطامغيم (وذخيم) —. P. ٢٣٢, l. 18. Chez al-Becrí
(p. 136) ابو غثير يحمد بن معاذ —. L. antépénult. (المعزا) chez
le même تيمغسن. — P. ٢٣٣, l. 1 (٢٧) 29 chez le même. —
L. 2 (شخجا) l. سخيا comme chez al-Becrí p. 137. — L. 16
(برباط) l. بربات —. L. 17 (نادسع) نادسع*. — L. 18 et n. b. Chez
al-Becrí (qui a بغوت) les mots qui manquent sont: التزارى
l. (باربعة) l. وجدت بنى عبد الرزاق ويعرفون بينى. — Avant-dern. l.
قاربعة comme chez al-Becrí. — P. ٢٣٤, l. 3 (فيكون) mieux
تتكرن comme chez le même. — L. 4. Remplacez les points par
نبوته وسى؛ quand on y regarde bien, notre man. a aussi ces
deux mots, que donne al-Becrí. — L. 12 (بهم ذكلا) l. avec le
même فبين تككى. — L. 16 (يقرءون) يقرون. — L. antépénult.
(والتضحية) l. والتضحية comme chez al-Becrí. — P. ٢٣٥, l. 4 l.
قرآنكم et نصفه comme chez le même. — L. 15. Voyez p. 118

des notes. — L. 6 (پاکش) پاکش et پاکوش باکش chez al-Becrî. —
L. 7 (ایسمن) ابسمّن chez le même. — L. 14 et n. d. Il ne
manque rien ici (cp. al-Becrî, p. 140, l. 1), mais la rédaction
aurait pu être meilleure. — P. ٢٣٧, l. 9 (رداعین) l. ردّاعین. —
L. 13 (الجمعة) l. ٭الجمعة٭. — P. ٢٣٨, l. 4 (والیها) l. وروالیها, ou bien
وهو comme l. 16. — L. 10 (علیها) il faut علیه (الاسفل) ou bien
علیهم. — P. ٢٣٩, l. 10 (وحکم) l. وحطم. — L. 19 (التبیکن) l.
التنکین. — P. ٢٤٠, l. 9 et n. c. یَغْزُرُ ou یَغْزُرْ est bon. — P. ٢٤٢,
l. 10 (حسن) l. حسین بن ابراهیم. — L. 15 et n. c. Conservez
la leçon du man. (تَغْرُرْ) et voyez Lane. — L. 19 (عک) l. واکل. —
P. ٢٤٣, l. 3 (حمس) l. جمر. — P. ٢٤٤, l. 14. Avant الرییس les
mots محمد بن القاسم بن ont été sautés par l'auteur ou par le
copiste. — L. 16. Biffez بن avant الحلم (il est dans le man.). —
L. 18 (والیبان) l. والیبان. — P. ٢٤٥, l. 5 et 11. Voyez p. 118 des
notes. — P. ٢٤٦, l. 9 (کباب) l. کبّاب. — L. 16 (وغیرها) l. او غیرها. —
dans le man. — P. ٢٤٧, l. 20 (مَن) prononcez مِن. — P. ٢٥٠,
l. 4 (یسطروست) ici et ailleurs le waw de ce nom propre a un
techdid dans le man. — P. ٢٥١, l. 20 (تَوَلّی) l. تَوَلّی. — P. ٢٥٢,
l. 12 (حماربة) l. حماربة. — P. ٢٥٤, l. 20 et n. b. (خلة). Le man.
semble porter دخلته; il faut lire نَخُلَة et prendre ce mot dans
le sens d'entourage; voyez mon Suppl. aux dict. ar. — P. ٢٥٧,
l. 3 (العزاء) l. العزاء. — L. 18 (رییع) l. الرییع. — P. ٢٥٨, l. 10 et
n. a. On peut conserver le علیه du man.; voir mon Suppl. aux
dict. ar. — P. ٢٥٩, l. 1 (ولاہا) man. ولاہا. — L. 7 (علی) l. الی. —
P. ٢٦٣, l. ١ (الغاریة) l. الغابرہ. — L. antépénult. (یحجابة) l.
تحجبة. — P. ٢٦٤, l. antépénult. (کلما) écrivez ما کُلّ. — P. ٢٦٥,

l. 2 (وحيث) ainsi dans le man., mais le *wau* est de trop. —
P. ۲۷۲, avant-dern. l. (الْنَاشِغَة) l. الْنَاشِبَة (*archers*), comme je
l'ai dit dans mon *Suppl. aux dict. ar.* — P. ۲۷۴, l. 16 (يَجْمَعون)
*. — P. ۲۷۶, l. 9 (داعِبِين) l. داعِبِين. — P. ۲۷۰, l. 9
(يسيبِ) سيبٍ. — P. ۲۷۸ (سنت) سنّة *. — P. ۸۲, l. 14
(داعِين). — L. 20 (تَرَاعا) mieux تَرَاعَى. — P. ۲۷۵, l. 14
(عزتَه) l. غُرتَه. — L. 15 (تَنوّر) prononcez تَنَوَّر. — P. ۲۷۷, l. 4
(فَكَرْتُ) l. فَكَرْتَ. — L. 11 (ورو) ici et ailleurs درو (ou ادرّوا) dans
le man. — L. 18 (وعددها) l. وعدّها. — P. ۲۸۰, l. 5 (فى رَى)
برى et biffez la note *a*. — L. 6 (۳۹۱) ۶۱۱*. — P. ۲۸۲, l. 8
(يقظة) l. نقظة comme p. ۲۸۰, l. 5, et voyez al-Becrî, p. 48,
84. — L. 19 (الْكَنَائى) l. الْكَتَبى et cp. Defrémery dans le *Journ.
asiat.*, Ve série, t. XV, p. 144. — P. ۲۸۳, l. 1 et n. *a*. Conservez la leçon du man. وقونِضَت (formé de فَنَسُون). — P. ۲۸۵,
l. 19 (وصاح) *. — P. ۲۸۹, l. 2. Voyez p. 118 des notes. —
L. 8 (الْعَيِنَا) prononcez الْغَيِنَا et voyez mon *Suppl. aux dict.
ar.* — P. ۲۸۷, l. antépénult. et n. *b*. M. de Goeje remarque
avec raison qu'on peut rétablir cet hémistiche en substituant
فِوَى à مُوثِّق. — P. ۲۸۸, l. 6 (متصاوِتًا) l. متصاوِنا et voyez Lane. —
L. 17 (اربع) l. اربعا. Ibn-Djobair (p. 100, l. 13) dit de même
en parlant de la secte des Zaïdites à la Mecque: ولا يجْمَعون
مع النّاس انّما يصلّون ظُهْرًا اربعا. Notre texte démontre que ces
paroles ne sont pas altérées, comme l'éditeur, M. Wright, l'a
pensé, et l'on voit par les deux passages que les personnes
qui ne considèrent pas l'Église dominante comme orthodoxe et
qui pour cette raison s'abstiennent d'assister le vendredi, à
l'heure de midi, aux prières publiques dans les mosquées, y

suppléent en récitant quatre fois chez eux la prière de midi. —
P. ٢٨١, l. 10 (الاخطيب) l. الخطيب comme l. l. — P. ٢٦١, l. 14
(رؤعهم) sans point dans le man., mais l. رؤعهم. — L. 20
(جسولب) احسابة. — P. ٢٦٢, l. 16 (ابس) الى *. — P. ٢٦٣, l. 2
(نعمار) l. نصار. — P. ٢٦٤, l. 3 et n. b. Voyez p. 118 des notes;
il faut prononcer اعلها et lire حُسَيْن. — L. 6 et n. c. (والغريبة)
والغَرْبزة, mot qui signifie tromperie (voyez mon *Suppl. aux dict.
ar.*) et qu'il faut restituer aussi t. II, p. 188, l. 19 (voyez sur
ce passage mes notes dans ce livre); biffez le ة, que j'ai ajouté
à tort. — P. ٢٦٦, l. 4 et n. a. M. de Goeje croit distinguer
(ورّثه) . — L. 14 (فيتأملوا) l. فيتأملون. — (أُحَيْد) احيد. — L. 9
prononcez وَرّثَه. — P. ٢٦٧, l. 1 (الغابرين) الغدّرين. — L. 15. Je
ne trouve nulle part السمير comme un nom de lieu. Ordinairement on dit que ce prince mourut à Bilbais (Ibno-'l-Athír
IX, 81, Wüstenfeld, *Gesch. der Fatimiden*, p. 158); mais si
السمير est une altération de بلبيس, il faut avouer qu'elle est
bien forte. — P. ٢٩٠, l. 18 (فات) ومات. — P. ٢٩١, l. 9. Voyez
p. 118 des notes. — P. ٣٠٠, l. 13 (لوضينة) لوضمِ *. — P. ٣٠١,
l. 12. Le mot est فنكثوا. — P. ٣٠٢, l. 5 (يحصيمه) يحصيمه *. —
L. antépénult. Écrivez أَلْف, comme chez Ibn-al-Athír IX,
p. 389. — P. ٣٠٣, l. 8 (الزروعان) الزروعات *. — P. ٣٠٤, l. 12
(الجبل) الجبل *. — L. 16. Voyez p. 119 des notes. — P. ٣٠٥,
l. 1 (سبعة) سبعة (cp. p. ٢٨٠, l. 9). Peut-être doit-on prononcer فَقَلَّدَ. — P. ٣٠٩, l. 3 et l. 5 (التَجَرْجَرَاى) التَجَرْجَرَاى;
(أصطنعها) l. أختطفتها et voyez mon *Suppl. aux dict. ar.* — L. 4
(تحلّبت) تحلّت l.; المعز فى l. (فى المعز) — L. 6 (والأقبيم) والأقتبيم
et voyez mon *Suppl. aux dict. ar.* — L. 7. Comme ce ذلول,

qui m'a embarrassé moi-même, pourrait aussi embarrasser le lecteur, je donne ici l'explication que m'en a fournie M. Fleischer. La بنت الرقم étant, dit-il, une personnification de l'idée abstraite الداعية, on lui a donné un nom propre, celui de قلقل, qui lui convient parfaitement, parce que الداعية تـذل, de même que le pain, «le fils de dame blé,» ابن حنّة, a reçu le nom propre de جابر, «corroborant.» — L. 8 (أعباء) prononcez أعباء. — P. ٣٠٧, l. 14 (الشرف) l. شرف. — L. 18 (والمنصورية) l. والمنصورية. — P. ٣٠٨, l. 4 (وتغمّدم) وتغمّد; le man. est endommagé en cet endroit, mais il reste quelque chose du م. — L. 7, 10 et dern. (والانئيم) والانئبـم. — P. ٣٠٩, l. 16 (ودخائس) souvent avec le dâl dans les man. magribins, mais mieux ونخائس. — L. 19 (علوق) l. علبين comme p. ٣١٠, l. 16. — P. ٣١٠, l. 5 (منكور) l. منكوت (Fleischer dans l'Appendice d'Amari). — L. 12 et n. b (اللعف) l. التّقف comme chez Amari, p. 391, d'après un autre auteur. — L. antépénult. (والرخى) l والرخاء. — P. ٣١١, l. 14. Ce nom est بينونش; voyez Yâcout in voce. جزيرة قرقى doit être l'île qui s'appelle ordinairement قرقنة. — P. ٣١٢, dern. l. Voyez p. 119 des notes. — P. ٣١٣, l. 2. Voyez ibid. — L. 6 et n. a. Voyez ibid.; le mieux sera de s'en tenir à la leçon proposée par M. Fleischer, ذأب. — L. antépénult. (قليمبية) l. قليبية = اقليبية. — Avant-dern. l. (اكبرم) l. الاكبرم; cp. p. ٣١٣, dern. l. — P. ٣١٤, l. 8 (الدخائس) mieux الذخائس. — Avant-dern. l. انغاف (نغاف). — P. ٣١٥, l. 10 (واكثروا) l. واكثروا. — Avant-dern. l. (ما كذب) فاكذب. — P. ٣١٦, l. 2. Voyez p. 119 des notes. — P. ٣١٧, l. 6 (م) l. قتل. — L. antépénult. (سقطرة) l. نعقطرة, Nicotra (Amari). — P. ٣١٨, l. 13 (خلتا) doit être

بقيتنا (Amari). — Avant-dern. l. (فارس) شـوس. — P. ٣١٩, l. 3

(أَنْمَاتَه) l. انمـائـه (Fleischer dans Amari). — P. ٣٧٠, avant-dern.

l. (الفرن) l. الفَـرَّان. — P. ٣٢١, l. 11. Voyez p. 119 des notes. —

L. 13 (ضرخ) l. صرَّخ. — L. 21 (ئَـدغـا) l. ئَـدَنِيهِما. — P. ٣٢٣,

n. *a.* A supprimer. — P. ٣٢٥, l. 13 (جمامة) جملكة*. — P.٣٢٩,

l. 18 et suiv. M. Amari (*I diplomi arabi del R. archivio fioren-
tino*, p. XLI) remarque qu'il doit y avoir ici une erreur dans
la date ou dans le nom. — P. ٣٢٧, l. 6 (عبيد الله) l. عبيد الله. —

L. 11 (للإباضية) est الجُعدى, p. ٥١, l. 12 et 15. — L. 13 (الجعد)

l. للإباضية. — L. 17 (عيسى بن يوسف النَّفيسى) est appelé

عيسى بن موسى الخراسانى à la p. ٧٢, l. 14. — L. 18 et 19.

Lisez: نَمِّر الاغلب بن سالم ثَنِّية. — L. antépénult. (السلمى) l.

ومحمد بن احمد بن l. (ومحمد بن محمد) المهلى. — P. ٣٢٨, l. 5

محمد. — L. 12 l. ابو القاسم بن عبيد الله. Observez encore

que, dans ce résumé, quelques noms manquent.

NOTES SUR LE TEXTE DU SECOND VOLUME.

P. ٢, l. 6 (قرطاجنة) l. برطانية (la Grande-Bretagne). — L. 9
(يجتمعان) l. يجتمعا. — P. ٣, dern. l. (لان) l. لاند. — P. ٤,
l. 7 (الذين) l. التى. — L. 11 et n. a. L. زنيما. — L. 12. C'est
عليه خالف بعدما. — L. 18. Peut-être وعليها عائشها. — L. 21
حتى عند وانيزمت. — L. 22. سنة est bon, car الى est ici synonyme de بَعْدُ (royez mon *Suppl. aux dict. ar.*). — P. ٦, avant-
dern. l. (محاولة). Dans le man. le point semble appartenir
plutôt au ذ du mot وثمانين qui est au-dessous, et il faut lire
محاولة, comme t. I, p. ٣٠, l. 4, où il faut comparer ce que
j'ai dit dans les notes, p. 109. — P. ٧, l. 11 et p. ٨, l. 6
(أذى) l. اثنا. — P. ٨, l. 16 et 17 (او كبروا) l. وكبروا. — Dern. l.
(تحينتئذ) تحينئذ*. — P. ٩, l. 2 *.بجميع (بجميع)*. — L. 14
واوطأوهم جعلوهم IV: وطأ donne sous *Mohit* Le .علبة l. (عليك)
وعلبة قهرا يوطأون. — Dern. l. Il faut lire مئتا دينار وخمسون
دينارا. — P. ١١, l. 5 et n. a. A biffer, car حجارة حرش, est bon
— Dern. l. (القبضة) l. الغبضة. — P. ١٢, l. 1. Voyez p. 47 des
notes. Restituez le بطريقها du man. — P. ١٣, l. 14 (وعقد)
وانعقد. — L. 16 (مذقع) prononcez مَذْقَعٌ, comme je l'ai dit
sous ce mot dans mon *Suppl. aux dict. ar.* — L. 21. Prononcez

فى قوم قلّب. Le substantif قلّة est employé ici adjectivement, comme عدّة dans l'expression تشتمل على خيل ورجل عدّة; voyez Wright, *Arab. grammar*, II, p. 296. — Les deux dern. l. Le texte est ici en désordre et وفّر بنفسه مع اصحابه est une répétition de ce qui a déjà été dit à la ligne antépénult. En comparant al-Makkarí, I, p. 167, je propose de lire après وتبعهم طارق بعد ان ضمّ اليهود وخلّى معهم بعض :خلف للجبل رجله واصحابه بطليطلة فسلك الى وادى الحجارة. — P. ١٢, l. 14 et n. *b*. A mon ancienne conjecture, qui est inadmissible, je substitue à présent تعدّى (تعدّى)*. — P. ١٥, l. 5 يخاطر بهم. — *تعدّى (تعدّى). — P. ١٦, l. 9 ربّاح (رياح) l. L. 10 تغوث الناظرين est inadmissible. Al-Makkarí dit (I, p. 170) que les édifices de Mérida sont فاتّقنة الوصف, et dans l'*Akhbár madjmoua* (p. 16) on lit qu'ils تغوت الوصف. Je pense donc que dans notre texte le mot وصف a été omis par le copiste, تغوث وصف الناظرين. — L. 15 ابرج (ابلج) l., comme p. ١٠٢, l. 1, *Hist. des Berb.* I, 141, 145, etc. — P. ١٨, l. 1 وعصب est une faute d'impression pour وغصب; le man. a وعطب. — L. 3. Après له* lisez ما احضرنى comme dans l'*Akhbár madjmoua*, p. 19. — P. ٢٠, l. 5 et n. *a*. Conservez لثمّ ; إنّ est l'adverbe affirmatif. — P. ٢١, l. 1 (لها دون) l. — منعك (يمنعك) l. L. 16 — النّارة (البيارة) l. — L. 7 له بذرون. — P. ٢٢, l. 19 (كشف) prononcez كشف. — P. ٢٣, l. 16 (حقّنت) prononcez حقّت (cp. Lane). — P. ٢٨, l. 8 (١٢٢) ١٢٢*. — P. ٢٩, dern. l. (الليلجورون) l. (وعيّاض) l. بن عيّاض. — P. ٣٠, l. 6 الليلجوروا. — P. ٣٣, l. 10. Voyez p. 47 des notes. — L. 15 لثمّ (لا) l. — P. ٣٢, l. 5 (الاخرّة) prononcez الاخرّة. — L. 9 (امّة) l. أميّة. — P. ٣٣, n. *b*. Substituez *provincia Malaritana* à *Ma-*

laga, et cp. mes *Recherches*, 3e édit., I, p. 317 et suiv. —
P. ۳۴, l. 1 (وداخل) l. ودخل. — L. 12 (يعون) l. يعتود, comme
dans l'*Akhbár madjmoua*, p. 45. — L. 15. Lisez, comme dans
le même livre (p. 46): فسمّى ذلك العسكر عسكر العافية.—L. 18.
Au lieu de اليمّ, le man. a par erreur عليهم. — P. ۳۵, l. 10
العنت est altéré, et بالله, que l'*Akhbár madjmoua* (p. 56) donne
à sa place, l'est également. Je crois devoir lire أَلَبَ, ou, ce
qui revient au même, الَبَ; voyez Lane sous ce mot. «J'appel-
lerai aux armes le rassemblement de Merdj-Râbit,» les tribus
qui ont combattu à nos côtés dans la bataille de Merdj-Râbit. —
L. 13 (واجابتهم) l. واجابتهم, comme dans l'*Akhbár* (p. 57). —
P. ۳۷, l. 9 et 10. Mettez 'après بالحملات et "après والآلات;
puis 'après معه et "après موضعه. — L. 12 et n. *a*. Le man.
porte الخطيئت; l. الخطيّئت. — L. 18. Voyez p. 47 des notes. —
P. ۳۸, l. 3 (قتل) l. قتلا. — L. 5 (الثانية) l. الثانية. — L. 16
(وصاروا) mieux وساروا. — L. 17 (العبدى) l. العبدرى; cp. p. ۴۳,
l. 10. — P. ۴۰, l. 6 (يغى) l. يبتنى. — L. 12 et n. *b*. Conservez la leçon du man., comme je l'ai dit plus haut, p. 12. —
L. 15 (من انتوليّة) l. وانتوليّة. — L. 19 et n. *d*. Lisez ارتضوا.. —
P. ۴۱, l. 1 (عضوضا) l. عضوضا,. — L. 4 (واجمعها) l. واجمع منها. —
comme j'ai dit plus haut, p. 12. — P. ۴۲, l. 5 (من فيه) l. فيهم. —
L. 7. Cet عنه, qui ne se rapporte à rien, est de
trop. — L. antépénult. (العرب). Le man. porte المغرب; l'auteur
aura donc écrit المَمَغْرب. — P. ۴۳, l. 11. Voyez p. 47 des
notes. — L. 12 et n. *c*. J'avais conçu des doutes sur ma correction, puisqu'on dit bien فشا خبره وذّ ڎرّه وبصله, mais non pas

نشا فلان, et M. de Goeje la croyait aussi inadmissible; mais M. Fleischer a levé mes scrupules en m'écrivant: Votre correction est bonne: نشا نجدة est = نجدته فنشت; le تمییز représente dans tous les cas de cette nature le sujet logique; voir le *Mofaṣṣal*, p. ۳۰, l. 1—4. — L. 15 et n. *c.* Restituez اشید et voyez mon *Suppl. aux dict. ar.* — Dern. l. Le mot والازد est ici de trop, car les Azd étaient une tribu yéménite, et l'auteur de l'*Akhbár madjmoua* (p. 65) applique ce qui suit ici aux Gataſân. — P. ۴۴, l. 3 (والحُرَش) l. والحَرِیش et de même dans l'*Akhbár* (p. 65, l. 8, au lieu de والحُرِیس); cp. Wüstenfeld, *Geneal. Tabellen*, Tab. D, l. 17. — L. 10 (یتولیان) l. یتولیان, comme dans l'*Akhbár*. — P. ۴٥, l. 5 (امیة) l. بنی امیة, comme dans l'*Akhbár* (p. 69). — L. 10 et n. *c.* Restituez أُرَوّی. — L. 15. Voyez p. 47 des notes. — P. ۴٦, l. 6 (مَن) l. مَنْ. — P. ۴٧, l. 17 (فی) l. فی; العندرك) l. اعندر بك. — P. ۴٨, l. 1. Le man. a correctement ویکبس; restituez ce mot et biffez la note *a.* — L. 2 et 3. Restituez والی جند الارض bon dans le man., excepté qu'il donne, comme il le fait souvent, الا pour الی. — L. antépénult. مجاوز المنبیم (bon dans le man.). — Avant-dern. l. (فالجاور) فتجاور. — P. ۴۹, l. 4. Voyez p. 47 des notes. — L. 7 (ینا) l. لنا. — P. ٥۰, l. 1. Voyez p. 47 des notes. — L. 6 (والتعب) l. والمُتَشَعب. — P. ٥ا, l. 8, L'auteur a voulu dire sans doute que Yousof s'attendait à être attaqué par deux armées venant de deux côtés, ou, en d'autres termes, qu'il craignait d'être pris entre deux feux; aussi l'auteur de l'*Akhbár* dit-il formellement (p. 93) que Yousof attaqua al-Merwânî خوفًا من ان من ابن معویة من وجه والمروان من اخر. Mais alors انتشتت ne peut pas être bon; peut-être faut-il lire

التشبّك l. Ensuite il faut substituer رايته, comme on lit dans l'*Akhbár*, à راميته. — P. ٥٢, l. 8 (موال) mieux موال. — P. ٥٣, l. 3 رجّا est une faute causée par Freytag; c'est رجنة. — L. 15 (وكاتب) l. وكتب. — P. ٥٤, l. 6. Lisez وارسل الى العلاه; cp. l'*Akhbár*, p. 102, l. 1. — L. 9 (وضبيرأ) prononcez وضبيرأ. — P. ٥٥, l. 8 et 9 (عروة) l. عزرة et voyez al-Makkarí, II, p. 10, l. 12. — L. 14. Prononcez وجيباب et وسلّل. — P. ٥٦, l. 2 l. (الاكبم) l. الاكبر. — L. 5 et 9 (الصيباج) l. الصبّاح, comme dans l'*Akhbár* (p. 105). — L. antépénult. (سبطران) l. شيطران; voyez Yácout, III, p. 254. — P. ٥٧, l. 1 et n. a. Restituez وعفر (وحدتّه) وجدنه. — L. 4 (الميديون) l. المديون; cp. al-Becrí, p. 125, l. 7. — N. c. Après *loco* ajoutez: et vs. 12. — N. d. Biffez la phrase: Est fortasse nomen Fátimidæ, car ce dernier portait un tout autre nom que donne l'auteur de l'*Akhbár* (p. 107, l. 4). — P. ٥٨, l. 19 (سعيد) l. سعّد, comme dans l'*Akhbár* (p. 112, dern. l.). — P. ٦٠, l. 1 et 2. La comparaison de p. ٥٢, l. 19 et 20, et d'Ibno-'l-Abbár (dans mes *Notices*, p. 57, l. 12) montre qu'il faut lire: ولّم بعله القاسم بن يوسف اخو محمد بن — L. 12. او البخ ne donne pas de sens; chez al-Makkarí (II, p. 27) c'est: او لأزوين بناتها عن رضف المعصية ce que M. Fleischer, dans ses notes allemandes, traduit et explique ainsi: «oder bei Gott! ich werde die Finger derselben (deiner Hand) von dem glühenden Steine des Ungehorsams wegziehen», d. h. dafür sorgen, dass du dir nicht mehr an deinem Ungehorsam — nach unserem eigenen sprüchwortlichen Ausdrucke — die Finger verbrennst.» — L. 16—18. Ce billet, dont le texte est évidemment altéré, est emprunté à l'*Ikd*, mais dans l'édition (II, p. 358) le texte n'est pas correct non plus. A ma demande M. Karabacek a donc collationné le man. de Vienne (mauvais, copié par un Turc en 1836), M. Simonet celui de l'Escurial (écrit en Orient en 424 et collationné sur un autre par un Magribin en 483), et j'ai collationné moi-même celui de Munich. Je puis donc donner ici le texte avec toutes les variantes; E désigne le man. de l'Escurial, M. celui de Munich et V. celui de Vienne; mais c'est à M. de Goeje que revient l'honneur d'avoir constitué le texte de ce morceau et de l'avoir expliqué, tandis que M. Fleischer, qui avait eu d'abord une autre opinion, a fini par se rallier entièrement à sa manière de voir. امّا بعد فإن يكن التقصير لك¹) مقدّما²)

فبعد³) الاكتفاء⁴) ان يكون لك مؤخّرا وقد علمت بما تقدّمت⁵)

فاعتمد على ايّهما احببت. M. de Goeje rejette le فإن اخاف de la marge de E., qu'il regarde comme une insertion devenue néces-saire après que فبعد eut été corrompu en بعد. Il restitue ce فبعد des man. M. et V. et dont la trace est aussi dans le فبعد du *Bayán*, et il prononce فبعد (impér. de وعد). Ensuite il prononce مقدّما et مؤخّرا au passif, et il est d'avis que les deux choses auxquelles se rapporte ايّهما sont التقصير et الاكتفاء, qui sont en effet deux idées opposées: faire ce qui n'est pas satis-faisant et faire ce qui l'est bien. (De mon côté j'observe que الاكتفاء est employé de la même manière dans un billet analo-gue, écrit par un des successeurs d'Abdérame Iᵉʳ et cité dans le *Bayán* II, ١٥١, 8). Il traduit donc: «Si votre conduite a laissé jusqu'à présent à désirer, promettez alors que dans la suite elle sera satisfaisante. Vous savez ce que j'ai ordonné,

---

1) M. لك.   2) M. مغربي.   3) E. et l'édition de l'*Ikd* بعد.

4) Dans E الاكتفاء atteint la marge, laquelle : فإن اخاف.   5) V. تقدم.

décidez-vous donc pour l'un ou pour l'autre.» Les mots وقد
علمت ما تقدّمت sont destinés, ajoute-t-il, à rappeler au gou-
verneur ses instructions. Vous savez à quoi vous vous exposez,
si vous négligez votre devoir. — L. antépénult. بإلقاء est dans
l'*Ikd* (II, p. 358) بالعباء. — P. ٩١, l. 2 (خزانته) dans le man.
يستقصره ; lisez جرايته ; l'*Akhbár* (p. 116) donne: فيما
يجريه عليه. — L. 4. Voyez p. 47 des notes. Au lieu de
ينتضى, l'*Ikd* (II, 358), l'*Akhbár* (p. 117), Ibno-'l-Abbár et
al-Makkarí (II, p. 26) donnent منتضى; mais je ne puis croire
que ce mauvais hémistiche ait été écrit par l'émir, et la rédaction donnée par Ibn-Haiyán (dans mes *Notices*, p. 35, 36),
où نصلا se trouve à la fin d'un autre vers, me paraît bien
préférable. — L. 5. (مسامتا) l. مساميا, comme dans l'*Ikd*, dans
l'*Akhbár*, chez Ibno-'l-Abbár et chez al-Makkarí. — L. 6.
نسقّ ملكا est mauvais; lisez ملكا قيّر, comme dans la note *b*
et dans l'*Akhbár*; le دبّر d'al-Makkarí est une corruption de ce
même قيّر. La leçon ومنبرا (pour وقذرا) est aussi dans l'*Ikd*, dans
l'*Akhbár* et chez al-Makkarí; mais je persiste à croire que c'est
une glose; cp. Ibn-Batoutah, II, p. 227: وتثر كلاما شبه للخطبة --
L. antépénult. et n. *g.* La leçon وشد se trouve aussi dans
l'endroit correspondant des *Fragm. histor. Arab.* ed. de Goeje,
p. 226, l. 2; mais l'*Ikd* (II, p. 357) donne وشدة, comme j'ai
corrigé. — Dern. l. (يطلب غرته) l. يطلب عثرته, comme dans
l'*Akhbár*, p. 119; cp. *Fragm. hist.*, p. 226, l. 4. — P. ٩٢,
l. 14 (والمنتى) والمنتهى *. — P. ٩٣, l. 13, 17, 19 et n. *b.* Il
s'appelait عبد الله, comme on lit chez al-Makkarí (II, p. 231,
avant-dern. l.) et chez d'autres auteurs. — Avant-dern. l. Le
ابو est de trop. — P. ٩٤, l. 18 (جلديم) probablement il faut

lire حـديـر, et peut-être le man. a-t-il le *há*. Voyez ce que j'ai dit sur le nom propre Hodair dans le *Journ. asiat.* de 1869, II, p. 158. — Avant-dern. l. (الحكم) l. هشام; (وتلده) l. وتلداه. — P. ٩٠, l. 6 et 10. طرطوشة doit être طرسونة, comme chez an-Nowairí. — P. ٩١, l. 17 (كرنثينة). On pourrait lire طربينة (la Trubia), ou bien نرثينة (la Narcea). — L. 19 et 20 (غـدشـارو) je lis غـنـدمـارو, Gondemaro; voyez mes *Recherches*, 3ᵉ édit., I, p. 134, n. 2. — L. 21. (مسـتـجـيـزا). Le copiste a écrit مسـتـجـريـزا, mais en liant le ي au ر qui précède. Je ne trouve rien de mieux que مستجيزا, avec le sens que j'ai indiqué dans le Glossaire, mais je voudrais bien en avoir un autre exemple. — Avant-dern. l. (بلون) l. نالون, le Nalon. — P. ٩٧, l. 10 (فصيح) l. فسيح. — L. antépénult. يقذم ne convient point; je propose, mais en hésitant, بـهـدم; le Mohít a sous هـدم: هـر استعير فى جميع الاشيه فقيل هدمت ما ايومت من الامر ونحوه — من الـنـكـل والادب Peut-être faut-t-il lire يـانـنكـل. P. ٩٨, l. 3. فكانت تلك الزجرة لجميع عمّاته :(dans l'*Akhbár* (p. 121 والادب; ابلغ من السوط والسيف. — L. 12. Voyez p. 47 des notes. — P. ٩٩, l. 6 (ظلماق) l. ظلامى, comme dans l'*Akhbár*, p. 122. — L. 11 (لى) l. لى, comme dans le même livre. — P. ٧٠, l. 19 (وعشرين) l. وعشرون. — P. ٧١, l. 4. Biffez ولياحـوا, ce mot est dans le texte, mais sur la marge il a été corrigé en رواستبلاحوا. — L. 9. مروان doit être مرزوق, comme on lit chez an-Nowairí et chez Ibn-Khaldoun. — L. 20 (عكاتبتـم) l. يـكـاتـبتـم. — Avant-dern. l. Prononcez شرَم et دائم. — P. ٧٣, l. 16 et n. *a*. (رايت) l. رأبتُ, et (راقعا) l. راقعا, comme chez al-Makkarí, I, p. 220; le man. de l'Escurial d'Ibno-'l-Abbár a également راقعا. — L. 17 et n. *r*. (فسايـل) mieux فسئل; ensuite il faut substituer à le التسييف المعزم des autres textes, car je ne crois pas que استنضى العزم puisse se dire. — P. ٧٤, l. 5 (واسنوس) l. واثسوس, —

— L. 12 (اجلت) اجلت. — L. 16 عدوّا لاصبغ (عدو الاصبغ). —

L. 18 (الجمع) l. رجلها. — Avant-dern. l. الجميع l. حلّها. —

Dern. l. (وتوقّتت) l. وتوافتت. — P. ٧٥, l. antépénult. (فاوعل فيهم)

il faut remplacer ce verbe par un autre. — P. ٧٦, l. 17 (ينقرب)

l. يتغرّب. — P. ٧٧, l. 12 (بالترنى) بالترنى. — L. 21 (الذا) l. زان

aussi le copiste semble-t-il avoir gratté l'*élif.* — P. ٧٨, l. 12

(بما) l. لما. — L. 13 (ودخلوا) ودخلوا. — L. 16 لجسر (الجسر)

(وتتبّعوا) — L. 20 (أنذروا) car dans la l. 15 il faut prononcer

prononcez وتتبّعوا (et l. 21 يقتّلون). — P. ٧٩, l. 10. Peut-être

manque-t-il un verbe avant ناحية الى: — P. ٨٠, l. 7 (نادبة) نادبة

(bon dans le man. et dans les *Fragm. hist.*, p. 299, l. 14). —

L. 11 (ابراها) l. جبلا. — L. 14 (ومعرفتهم) ومعرفتها. — L. 17

l. ابراها, comme dans l'*Ikd*, II, p. 359, et dans l'*Akhbár*,

p. 125, mais substituez dans ce dernier livre للبيئة, comme

dans notre texte, à للسنة. — P. ٨١, l. 9 (يحلط) يحاط (bon

dans le man., dans l'*Ikd* et dans les *Fragm. hist.*, p. 300). —

L. 11 (وامر) واسمّ. — L. antépénult. et n. a. La leçon يحقّى,

que l'*Akhbár* (p. 131) donne aussi, doit être conservée. —

Dern. l. (ويشيم) l. ويشير. — P. ٨٣, l. 6 مقتضبات (مقتضبات). —

P. ٨٥, l. 2. Note de M. Simonet: «Au lieu de الة, il faut lire

أيّة. C'est la ville dont il est question dans le traité entre

Abd-al-azíz et Théodemir, أيّة du man. de l'Escurial n° 380,

ايل chez Aboulfeda, *Géogr.*, p. ٤٦, Ello des anciens itinéraires;

aujourd'hui c'est un *despoblado* dans la province de Murcie,

district de Montealegre.» On pourrait donc lire aussi الّة dans le *Boyán.* — L. 5. Le texte est fautif ici, mais je ne puis le corriger avec certitude, parce que je ne trouve pas ailleurs le nom de ce général. — L. 6. Voyez p. 47 des notes. — L. 15 (والبَهْم) وَالبَهْم. Les points du ح de اجتمع, qui est au-dessous, m'ont paru appartenir au mot que j'ai à présent restitué; de là ma méprise. Corrigez donc le Glossaire et mon *Suppl. aux dict. ar.* — P. ٨٩, l. 5 et n. *a.* Lisez روبِـدا الاَكْـلام. — P. ٨٨, l. 2 (قرار) مزار (bon dans le man., chez Ibno-'l-Abbár et chez al-Makkarí, I, p. 224). — L. 3. Les leçons دروبا دروب sont mauvaises, car il n'y a pas de pluriel دروب. Le verbe ولاقيت est aussi dans al-Makkarí; mais la rédaction que donne Ibno-'l-Abbár est bien préférable. — N. *b.* Lisez: Hic versus, ut oportet, apud etc. — L. 6. Au lieu de ابن الهشامين, des man. d'al-Makkarí portent الشَّامين, et M. Fleischer veut qu'on lise ainsi en prononçant الشَّامِيـين, pl. de شَـام. J'hésite à adopter son opinion, car les man. qui donnent ابن الهشامين ont plus d'autorité: ce sont ceux d'Ibno-'l-Koutíyah (fol. 25 v.), d'Ibno-'l-Abbár et d'Ibn-Adhárí. En second lieu, l'expression: «Je suis le descendant des Syriens», me semble trop faible et trop vague dans la bouche du fier monarque: tous les Arabes venus de Syrie — et ils se comptaient par milliers — pouvaient en dire autant, tandis que le prince seul pouvait dire: «Je suis le descendant des deux Hischâms», de celui qui a régné en Orient et de celui qui a gouverné l'Espagne. — كروبا à la fin du vers ne semble qu'une faute de copiste; les autres auteurs ont tous حـروبا. — L. 7. J'ai défendu et expliqué la leçon واصطليت dans ma *Lettre à M. Fleischer*, p. 25. — L. 14 (سعيد) انبلج (أجلى). — P. ٨٩, l. 2 (عزيز) l. عـزيـزا. — L. 16 l. شُهَـيْـد; cp. mes *Recherches*, 3ᵉ édit., II, p. 257, n. 1. —

P. ٤., n. a. A biffer. — P. ٢٢, l. 20 (يقتفى) l. يقتنى. — P.
٢٣, l. 5. (لى) l. لِمّا et prononcez le mot suivant لمُنّى. — L. 6
(نصابنا) معابنا. — L. 13 (ظافر) ظاهر. — P. ٢٤, l. 3. Mettez un
' après الذئاب; (هناك) "هناك. — L. 5 et n. b. La rime exige
فرسد (فُرْسَه), comme porte le man., et فُرْسَة s'emploie en effet
comme synonyme de نَهْزَة, de même que فُرْصَة; voyez Lane. —
L. 20 et 21. ورصف فى النفس جوهرها est dans l'*Akhbár* (p. 137):
ولطف فى الاعين جوهرها. Le verbe رصف a ici le sens de *briller*,
reluire, que j'ai indiqué dans mon *Suppl. aux dict. ar.* Pour
على المشعر l. (عن الشعر). — P. ٤٥, l. 7 (يَغشى lisez يَغّشى
comme dans l'*Akhbár* et chez Ibno-'l-Abbár (p. 62). — L. 8.
Voyez p. 47 des notes; mais il faut prononcer ابداعا, pas ابداعا,
comme l'a fait l'éditeur de l'*Akhbár*. — L. 10 (فُوِّق). Dans le
man. d'Ibn-Adhárí, de même que dans celui de l'Escurial
d'Ibno-'l-Abbár, la dernière lettre de ce verbe est un *fá*. Je
crois donc devoir lire فُوِّف, quoique les dict. n'aient que le
participe de ce verbe (بِرٌّ مُفَوَّقٌ). — L. 11. C'est مُلَّكَت et
نظمتهما*. — L. 12 (الحمل) l. الخرج, comme dans l'*Akhbár*. —
P. ٤٦, l. 12 (انّى) l. انّما. — L. 14 (عمر) l. عمرو d'après Mohammed ibn-Hárith, p. 281. — L. antépénult. (خمسا وستين)
l. خمس وستون*. — P. ٤٨, l. 21 (قُلٌ قَلٌّ*. — P. ٤٩, l. 1
ارباعها l. (ارباعها); مجتمعون l. (مجتمعين). — L. 15 (انا) l. انّا. —
P. ١٠٠, l. 9. Voyez p. 47 des notes. — L. 19 (واطلَتْهم) l. واطلَتْهم. —
P. ١٠١, l. 2 (المركوين). La dernière lettre de ce mot est peut-être
ici un و dans le man., et ainsi plus distinctement l. 12 et 13;
plus loin, p. ١٠٤, l. 3, c'est المركويين dans le man. d'Aríb et

المركيز dans celui d'Ibn-Adhárí. Au reste, اخـراه اللهٔ semble de trop, puisqu'il ne s'agit pas d'une personne, mais d'un défilé, à moins, toutefois, que ce ne soit dans l'origine le nom d'un homme ou de sa dignité. — L. 12 (الكويز) l. المركويز. — L. 13 (للمركويين) المركويز l. — P. ١٠٣, l. 15 (علند) l. غلند, Galindo. — L. 10 (منة) سنة *. — P. ١٠٥, l. 9 et n. a. Lisez المكتنفة. — P. ١٠٩, l. 6 (العرب) l. القرب. — L. 18 (المبتدأت) المبتدأة. — P. ١٠٧, l. 5 et n. a. Conservez لا. — L. 12. Il faut ثقيل موج ou الموج الثقيل. — P. ١٠٨, l. 10. Le nom propre (mais je ne sais s'il est écrit correctement) paraît être اشيرغيرو, ou bien اشرغيرو, car entre la deuxième et la troisième lettre le copiste a placé un signe comme un kesra, mais qu'on pourrait prendre aussi pour les points d'un ـ. — L. 12 et 16. Voyez p. 48 des notes; mais oun ou on dans les noms propres n'est pas un augmentatif espagnol, c'est un augmentatif arabe; ainsi on forme l'augmentatif شَيخُون de شَيخٌ; voyez Lane sous ce mot. A la l. 16 il faudra lire هذا وولد حفصون, mais ce هذا répété trois fois est loin d'être élégant. — L. 20. Après ملكه il faudra ajouter شيمه. — Avant-dern. l. (وعزة) وعزّة *. — P. ١٠٩, l. 7 (مستنبلين) l. مستقبلين. — L. 19. Le verbe أخلّ ne se construit pas avec l'accus., mais avec ب; il faudra donc changer شيئا en بشيء. — L. 20 (حزانه) خزائنه *. — L. antépénult. l. (يقعوا) يقعوا (c.-à-d.) يَقعُوا; c'est peut-être dans le man., mais indistinctement. — P. ١١٠, l. 4 (وكان) l. وإن كان. — L. 5 (وتهدينا) l. وتهديما. — L. 7 (اصعينا) اضعينا *. — L. 16 (كتينا) كتَينا. — L. 18 (ادواتها) l. ادواته, car le pronom se rapporte à مَن. — P. ١١١, l. 1 (يكم) بكم *. — L. 12 et n. b: Conservez la forme

كنيسة et voyez mon *Suppl. aux dict. ar.* — L. 16. Voyez le Glossaire; mais la leçon m'est suspecte, car فَعْل, proprement n. d'act. employé adjectivement, ne peut pas avoir la terminaison féminine. Quand on lit المغتسلة il n'y a plus aucune difficulté. — Dern. l. (يوقف) يوقف *. — P. ١٣, l. 7 (فصلا) فصلا *. — L. 12. Ce من est de trop; aussi ne le trouve-t-on pas dans la même expression, p. ١٣٣, l. 11. — P. ١٣٣, l. 8 et 9. Je ne sais que faire de ce يتطاطا قدمه, car يتطاطا est une forme impossible, un monstre, et le verbe تطاطا ne peut pas être joint à قَدَم. — P. ١١F, l. 11 (الا الموت) l. الا بالموت, comme dans l'*Ikd* II, p. 360, d'où ce passage est emprunté, de même que celui qui suit. — L. 15 (بن سرناس) est dans l'*Ikd* بن قرناس, mais il faut lire بن فرناس; voyez l'index sur al-Makkarî. — L. 16. Lisez comme dans l'*Ikd*: وتختلف الاصوات; موتلف الزحف; mais quelques vers de cet ancien poème nous sont parvenus dans un fort mauvais état, et ni le texte imprimé de l'*Ikd*, ni le man. de l'Escurial (E.; cp. plus haut, p. 37), que M. Simonet a collationné pour moi, ni celui de Munich (M.), que j'ai consulté moi-même, ne suffisent pour le rétablir (le poème manque dans le man. de Vienne). Dans le second hémistiche du premier vers, E. a حزيم المصتّى, à la place de لهيم الفلا; mais la leçon du texte est la bonne. لُهَيْم الفَلا, en parlant d'une armée, signifie: *qui parcourt les plaines avec une extrême rapidité*. C'est comme nous disons *dévorer l'espace*, car un cheval ou un chameau qui يلتهم الارض (voyez mon *Suppl. aux dict. ar.* sous لَهُ VIII) s'appelle لَهُم et لُهَيْم (*Asâs*). Ce vers signifie donc: «Je pense à cette armée qui, en poussant des cris différents, marchait vers le même but et qui parcourait les plaines avec une extrême rapidité, grossie d'une foule de tribus et serrant les rangs». — L. 17 (الْجُهَّام) l. الْجُهَّام, comme dans l'*Ikd*; E. الظَّلام. — L. 18 et n. c. Mon changement de و en ـا est en opposition avec tous les exemplaires de l'*Ikd*, qui ont سَيَلانِهِ. Le pronom au masc. doit donc se rapporter à l'armée. — L. 19. اركَنها (dans l'*Ikd* اركَنها) est tout à fait inadmissible. L'expression قُطُب رَحَى الْحَرب, pour désigner le général d'une armée, et le verbe طَحَنَت montrent qu'il faut y substituer أَرْحَاؤُها; le pronom fém. se rapporte, comme cela arrive souvent, au subst. الْحَرب sous-entendu. Cp. le vers dans mes *Notices*, p. 231, l. 9. — L. 21. Pour ce vers (qui manque dans M., de même que celui qui précède) l'*Ikd* a ces variantes: (غدوة) l'édit. غزوة, mais E. aussi غدوة; نقض (نفض); حل (حلّ) l'édit. حلّ, E. حيل. Il faut lire:

فَـمِـنْ أُجِـيـلِـهِ يَـومَ الثَّـلاثَـاهِ غُـدْنَـوَةً
وَقَـد نَقَضَ الإِصْبـاحِ حَبْلَ عُرَى السَّجِف

La traduction littérale, mais que le bon goût réprouve, est: «Par suite de ce qu'il (le sultan) a fait le matin du mardi, lorsque l'aurore eut détaché la corde des boutonnières du rideau (de la nuit), les deux montagnes du Wâdí-Salít ont pleuré» etc. — Dern. l. Ce vers, qui est fort altéré dans Ibn-Adhárí, doit être lu ainsi d'après l'*Ikd* imprimé:

دَعَمْ سَرِيجُ الْحَـيـيـنِ فَاجْتَمَعوا لَهُ   كَما اجْتَمَعَ الْحِجْلانُ لِلبَعْرِ فِي قَف

Seulement le troisième mot est العِير dans l'édition, العيـن dans M.; mais ce sont des fautes et dans E. c'est الحَيـن, comme dans mon texte. Au reste notre man. n'a pas للبعر, mais للبعر (*sic*). — P. ۱۵, l. 1. Ce ridicule مهزولة est aussi dans l'*Ikd* imprimé, mais lisez مهزومة avec E. et M. — L. 2 شواشيق (شواشين); شواحين (شواحين);

est بالسيف dans M. et بالنسف dans l'édition; mais la
leçon du texte, qu'on trouve aussi dans E., semble la bonne.
C'est *mordre, becqueter, donner des coups de bec* (cp. نسف) et
جاد بالنسف est analogue à جادوا لهم بالطعن والضرب — L. 3.
تنانين est dans l'*Ikd* imprimé تنانير, mais je doute de l'une
comme de l'autre leçon; E. a dans le texte سرابسس à demi
biffé et comme correction marginale شواعين; M. ما بين; M. de
Goeje propose تَيَانين, qui serait le pl. de تيمان, *loup*, et compare سراحيين ou الرغا الرغا. Sur بنفسى voyez les notes
allemandes de Fleischer sur al-Makkarí, t. II, p. 591, l. 6.
الجبل l. الجين; فتنمنت (جمعت) comme dans l'*Ikd*; biffez par
conséquent l'article جبن dans mon Glossaire et dans mon
Suppl. aux dict. ar. — L. 4. بوليس est dans l'*Ikd* imprimé et
dans M. يليوس; E. le donne sans points diacritiques; ثى est
ثى dans le man., mais ce verbe (que Freytag a mal expliqué;
voyez les dict. des indigènes) ne convient pas; M. يلا; l'*Ikd*
imprimé يلى; le mieux sera peut-être de lire ليا, c.-à-d. وتسى,
avec E. — L. 8 (وقد) وصعد; mettez un ʼaprès وجنّد et un
ʼaprès وصعد. — L. 14 (ايه) l. أَيُّها comme chez Ibno-'l-Koutíyah
(fol. 40 r.) dans l'endroit correspondant. — L. 16. Chez
Ibno-'l-Koutíyah l'émir Mohammed répond: رحمك الله أيها الشيخ
والله ما عذرت ما فى نفسى غير ان لا رأى لمن لا يُطَعْ; il faut
donc lire dans notre texte: أّلا انه لا رَأَى لِمَنْ لا يُطَعْ «mais
on ne peut pas exécuter un projet quand on n'est pas obéi.» —
P. ۱۱۷, l. 12 (ايل) sans points dans le man. — P. ۱۱۸, l. 3.
M. Fleischer remarque: اختبلوا est bon; c'est, comme souvent,
la VIIIe forme dans le sens de la VIe; «quand ils rivalisaient

entre eux (de courage)». La même forme se trouve avec un
autre sens, en parlant de chameaux qui mangent les خُبَّطَل
l'un à l'envi de l'autre, dans un vers chez Yácout, III, p.
680, l. 15. — L. 7. Lisez: الى حسن اثمر من حوز رية et biffez
la note b. C'est Ḥ ajar; le man. a réellement اشمرس, mais ce
س est une corruption de مـن — L. 10 (اشرس) l. اشمر. — P. ۱۱۱,
dern. l. Voyez p. 48 des notes. — P. ۱۱۳, l. 3 (الجبل) l. بالجبل —
P. ۱۱۶, l. 5 (الكلبت) l. أكْرَتَت. — P. ۱۱۶, l. 17. «La nouvelle
de la mort de son père ne l'empêcha pas de dévier du chemin
qui menait directement à Cordoue»; tel est évidemment le sens
de ces mots, mais alors il manque quelque chose dans ce qui
suit, car l'auteur veut dire: «et ne l'engagea pas à prendre la
route la plus courte». — P. ۱۱۶, l. 9 (ثلاثة) l. ثلاث. — L. 12
(بغزو) l. بَعْثها. — L. 13 (اثنين) l. اثنتين. — L. 18. Placé
ainsi, ce vers n'a pas de sens et les pronoms dans عـنـهـا et
dans مثلهن ne se rapportent à rien, parce que notre auteur a
omis le vers qui précède et que donne Ibn-Haiyán (fol. 33 r.):

وَأَعْلَنَ أَسْبَابَ النَّهْضَى بِتَسْيِيرِهِ   فَلِيسَ لَهُ أَلَّا بِهِنَّ عَلَرِى

Au reste cet auteur a par erreur ومثلها, au lieu de ومثلها, et
il confirme ma correction تعزى. — P. ۱۲۰, l. 9 (حميد) l. خمير,
d'après Ibn-Haiyán, fol. 37 v. — L. 20 ذقيس est peut-être
ذنين dans le man.; chez Ibn-Haiyán (fol. 40 r.) دنين et ce
nom est en effet دُنَيْـن; voyez le Mochtabih d'al-Dhahabí,
p. 198. — L. antépénult. (اسقينة) استينة (dans Ibn-Haiyán
اصطينة). — P. ۱۳۱, l. 12 (يريد) l. يـريـد. — Avant-dern. l. ملا
est bien dans le man., mais doit être ملا. — P. ۱۲۷, l. 13
(وشلم) l. عاشم d'après Ibn-Haiyán (fol. 80 r.). — P. ۱۲۸, l. 5
et n b. Lisez والتغيير, dévaster, ravager; voyez mes Script. Ar.

loci de Abbad. III, p. 117. — L. 16 (مصلحتها) مصلحتها. —
P. ١٢٤, l. 15 (يبسط) l. يشتط, car Ibn-Haiyán (fol. 62 v.) dit
dans l'endroit correspondant: واشتط على الامير عبد الله بأن سأله.
انتساجيل (الساجيل) .Dern. l — et biffez
la note *d*; Ibn-Haiyán a الاسجيل. — P. ١٣٠., l. 16. Le man.
a مربوطا comme Ibn-Haiyán (fol. 9 r.), mais si l'on veut conserver le sing., il faut changer كانت en كان, que l'auteur que
je viens de nommer donne aussi. — L. 18 (ويعقد) l. ويتفقد
d'après le même. — L. 20 (عمرو) l. عمر; شاعرهم (شاعر منهم) l.
(أب) l. بن; le man. d'Ibn-Haiyán fournit ces trois corrections. —
Dern. l. (توفو) توفى توفّى, de (أوفى), comme chez Ibn-Haiyán,
est plus correct, ou du moins plus élégant; يعجبه, comme il
donne au lieu de بوجهه, est aussi préférable, parce que وجد
est dans le vers qui suit. — P. ١٣١, l. 1 (تحلّت) l. تحلّأت,
comme chez Ibn-Haiyán. — L. 6 (عمن) l. لمن (*vers celui*). —
L. 7 (خاتمها) l. حاتمها (Hátim-Taï). — L. 8 (وأركد) l. وزارته;
quand on a deviné que c'est la bonne leçon, on voit bien par
les traits du man. que le copiste l'a eue devant les yeux. —
L. 14 (ارقت) l. أرقت, comme chez Ibn-Haiyán, fol. 9 r. et
98 r. — L. 20 (البيتين) l. للبين, comme chez le même. —
P. ١٣٢, l. 2 (العذرى) l. العذرى (le même). — L. 4 (عمر) est
عمرو dans le man., mais il faut lire بكر; voyez mes *Recherches*,
3ᵉ édit., II, p. 255, n. 4. — L. 19 (تغضت) تقضت, c.-à-d.
تقضّت; c'est تقضّى dans le sens de *s'écouler*, en parlant du
temps; voyez mon *Suppl. aux dict. ar.* — P. ١٣٣, l. 7 (وورد)
la copulative est de trop — Avant-dern. l. (اقليم اليت). Il n'y

arait pas de district de ce nom sur le territoire sévillan, que
je sache; mais il y arait bien le اقليم البُرّ, *le district du fro-*
ment (royez mes *Recherches*, 3ᵉ édit., I, p. 309), et c'est ainsi
qu'il faut lire. (رغيرُنا) l. رغـيـرونا. — P. ١٣٢, l. 20 (مسملم) l.
مهذّما, mais مهذوما serait préférable. — P. ١٣٥, l. 3 (بها) عا *. —
L. 10 (منزّقا مرقّع) prononcez منزِّقا مرقِّع. — P. ١٣٦, n. *a* (الى) l. ابن.
ابن. — L. 6 (منيث) l. منيتَّ. — L. 20 (سبيل) سبيل. — Dern.
l. Le premier hémistiche est altéré, car il faut ابن حفصون,
tandis qu'ici la mesure exigerait ابن حفصين, et فلم يسرّ est un
non-sens. Il est altéré aussi chez Ibn-Haiyán (fol. 77 r.), mais
d'une autre manière puisqu'on y lit: وبجى ابن حفصون ومن يكن
الردى. — P. ١٣٧, l. 1. Les mots qui manquent sont خُيِّـلَـت;
لَتَذيْهَ; ils sont fournis par Ibn-Haiyán. — L. 3 (وخـوانـت) l.
وعواقب, comme chez Ibn-Haiyán; غِبّ et عَقِبَة sont synonymes.
— L. 12 (ويـلـغ) يـبـلـغ *. — L. antépénult. (سـوّار) prononcez
سـوَّار. — Arant-dern. l. (شاقند) l. شاقِر. — P. ١٣٨, l. 4 (الكسبا)
كَثِبَة. — L. 5 (عشر) اثنا عشر. — L. 9. Ce متّفقا m'est suspect,
l'auteur ayant déjà employé ce mot dans la ligne précédente. —
l. 17 (بالكتب) dans le man. بالنّكب l. — L. 18 (بالغرب)
l. بالعَرَب (*arec les Arabes*). — L. 19. Le *fatha* de بالحَرَب est dans
le man., mais je crois devoir lire بالخَرَبِ والخُرَبِ (*la guerre et*
les trómperies); خُرَب est le pl. de خُرْبَة, terme dont j'ai déjà
parlé plus haut dans ma note sur t. I, p. ١٣٣, l. 6. A la p.
١٣٩, l. 14, où l'on trouve la même expression et où le *fatha*
de وحَرْبا est dans le man., je lis de même خَرْبا وخُبْا. — P. ١٣٩,
l. 3 (الغرب) l. العَرَب. — L. 10 (من سلطانه) l. فى سلطانه (<dans

son gouvernement»). — L. 14. Lisez خُرِّبَا وخُرِّبَا; cp. ma note
sur p. ۱۳۸, l. 19. — L. 16 (الغاحذا) l. الغلام. — L. antépénult.
(رفيقا) l. *رفيقا. — P. ۱۴۰, l. 3 (الجُاعِدا) l. الجوزان d'après Ibn-
Haiyán, fol. 11 r. — L. 6 (متأنّفين) متأنّفين. — L. 10 (فيربها)
l. حِيرِب, comme chez Ibn-Haiyán, fol. 18 r. — L. 11 ورد بقلعة
est chez Ibn-Haiyán ورد بسقربسة. — L. 14 et 15. Prononcez
فَقَتَل et وأَرْسَل, car c'est Omar ibn-Hafçoun qui le fit, comme
il résulte du récit d'Ibn-Haiyán (fol. 18 r.). البسروق est chez
Ibn-Haiyán الهتروق; c'était un Berbère. — L. 16 (متسدربا) l.
متسدربا, comme chez Ibn-Haiyán, et voyez mon Suppl. aux
dict. ar. — P. ۱۴۱, l. 4. La faute منتلشة est aussi dans le
man. d'Ibn-Haiyán (fol. 21 v.); il faut lire منتيشة, comme
p. ۱۴۷, l. 9, et chez Ibno-'l-Abbár (p. 97). — L. 8. Il ne
s'appelait pas Omar, mais Mohammed (Ibn-Haiyán, fol. 23 r.).
— L. 14. واعبة est chez Ibn-Haiyán (fol. 12 r.) بابية. — L. 16
(عقد) عهد. — L. 17 (باحناخة) *باحناخة; النزيل est chez Ibn-Haiyán
النَزَل, c.-à-d. المَنْزَل, ce qui est bien mieux, parce que ابناء
السبيل et المُجتازون sont aussi des pluriels. — Avant-dern. l. et
n. b. Il ne faut pas ajouter la copulative; c'est: Xérès de (dans
la province de) Sidona. — Dern. l. بكرور est نكرور chez Ibn-
Haiyán (fol. 23 v.). — P. ۱۴۲, l. 13 (واطوى) l. ودلوى. — L. 20
(حصيب) l. خَصيب, comme chez Ibn-Haiyán (fol. 90 r.). —
P. ۱۴۳, l. 1 (اول) l. اول. — L. 11 (وذطمة) l. وباطنم; j'ai donné
l'endroit correspondant d'Ibn-Haiyán dans mon Suppl. aux dict.
ar. sous بطن III. — L. 12 (بنيط) l. قنيط, comme p. ۱۴۱,
l. antépénult. Le man. d'Ibn-Haiyán (fol. 95 v) a la bonne
leçon. — L. antépénult. (المروري) l. المروري, comme chez Ibn-
Haiyán. — Avant-dern. l. Pour غرت فى le man. d'Ibn-Haiyán

donne عزرتني; lisez غرّتني («tu m'as trompé»). — P. ١٢٢, l. 2
(المشكذونــة) l. ليشكذونـة; le texte un peu autrement rédigé d'Ibn-
Haiyán confirme cette correction. — L. 3. Avant هشام بن الامام
plusieurs noms manquent; Hichám Ier était son quatrième aïeul;
voyez Ibn-Haiyán, fol. 98 v. — L. 13. Ce وادى بينش signifie-
rait, d'après M. Simonet (*Una expedicion á las ruinas de Bobastro*, dans la Revue intitulée *La ciencia cristiana*), el rio de
las Viñas et serait le Guadalhorce. J'avoue que la leçon m'est
douteuse; dans le récit de cette expédition chez Ibn-Haiyán,
le nom de la rivière en question est écrit deux fois وادى بيشتر,
la rivière de Bobastro (car Bobastro est ordinairement بيـشـتـر
dans ce man.). Au lieu de المجاورة, la grammaire exige المجاور. —
N. m (حرش) l. طرش et voyez ce qui suit ici. — P. ١٢٥, l. 1
et 2 (*sic*) حوريت طرش (حبز مطرش); dans Ibn-Haiyán (fol. 104 r.)
aussi طرش; lisez de même, au lieu de حرش, p. ١٢٢, n. m. J'ai
écrit le nom suivant avec le *djim*, parce que A. donne le
point; mais B. l'a ici et l. 3 avec le *há*. Enfin le nom non
ponctué est dans Ibn-Haiyán اخو زيبى. (بحلْـة) — L. 6. Au-
dessus de ce mot se trouve comme une variante ou une correction سملحـد (*sic*). — P. ١٢٦, n. a. Ajoutez عشيمة après
حشون. — L. 5 (ندبد) l. ندبَـة. — L. 15 (جُذنِم) l. خُذنِر; bon
dans Ibn-Haiyán. — L. 16 (وأرْمق) l. وأنْعق. — L. 17. Mettez
[après محمـد. — P. ١٢٧, l. 7 et 8 (مشاور) est deux fois chez
Ibn-Haiyán مسـاور. — L. 12 (نيهرره) l. تهررر (*témérité, étourderie*).
— L. 13 (حريسن) semble plutôt حريـز dans le man. — L. 15
(فيزمد) فيزمد (حزمد); فلقى (فباغ). — P. ١٢٨, n. b. (الفا) l. البـا, comme
chez Ibn-Haiyán. — L. 5 (الجمعة) الجمعة .*. — L. 6 (جُذنِم) l.
خُذنِر. — L. 10. Pour شيمـه M. Simonet veut lire شينة, Segia

des anciens, aujourd'hui Ejéa ou Exéa dans la province de
Saragosse. — L. 11 (برطانية) l. برطانية. — P. ١٤١, l. 4
(واخلوا) (وادخلوا). — L. 15 نهر طلبيرة Plus haut, p. ١٤٢, l. 16,
nous avons eu محلّة طلاجيرة, que nous rencontrons aussi, mais
écrit avec le djîm, p. ٢٠٧, l. 8, et Ibn-Haiyán (fol. 106 r.),
en racontant les événements de cette campagne de l'année 297,
dit: ونازل العسكر حصن طلاجيرة. Je me tiens donc assuré que
طلبيرة est une corruption de طلاجيرة ou طاجيرة. — P. ١٥٠, l. 5.
وشتّى جريشة est dans Ibn-Haiyán حربسة. — L. 10 (وسى) l.
(bon dans la note k وشّتا, ce qui revient au même). — L. 11
(السبرة) l. الشّتوة (campagne d'hiver). — Avant-dern. l. (جلبير)
l. حلبير. — P. ١٥١, l. 7 (وشكر) وشكره. — P. ١٥٢, l. 5 (كثر) l.
كرّ. — L. 13 et 14. Voyez p. 48 des notes. — L. antépénult.
الاسم est dans l'édition du Koran par Flügel, mais la bonne
orthographe est الأسْم. — P. ١٥٥, l. 2. A la l. 12 le man.
africain a distinctement البنيقة, c.-à-d. البقية, mais un tel mot
n'existe pas, et ici le man. semble porter plutôt البنيقة. —
N. f. A biffer. — P. ١٥٩, l. 15. عبيد الله est chez Ibn-Haiyán
(fol. 5 r.) عبد الله. — L. 21. Mettez le signe ' après روزير,
pas après الزجال. — Dern. l. (حجير) l. خمير, comme chez Ibn-
Haiyán. — P. ١٥٨, l. 6 (الظلمات) الظلامات. — L. 7 (مشرحيّا)
l. مشرجبا et voyez mon Suppl. aux dict. ar. — P. ١٥٩, l. 5
(متوترف) l. مواترتك, comme dans l'Akhbár, p. 152. — L. 6
(عنده) l. غناء, comme dans le même livre. — P. ١٦٠, l. 1
(ما لحظها) من لحظها. — L. 2 (يخفى) aussi dans al-Makkarí (I,
p. 226), mais lisez تخفّى comme dans les Corrections. — L. 4

(براوعه) l. براوعه, comme dans l'*Akhbár*, p. 153, et dans le man.
de l'Escurial d'Ibno-'l-Abbár. — L. 7 et n. *a*. Il faut lire
وكنما يلدوم, comme dans l'*Akhbár*. — L. 11. Voyez p. 48 des
notes. — L. 18 (التخطّط) prononcez التخطّط. — L. antépénult.
(وغمطى دينه لما). Le premier mot est dans le man. ; il
faut lire وغمص دينه ما, car chez Ibn-Haiyán (fol. 29 r.) c'est:
فغمصوا دينه ما كان من عوان الذمه عليه. — Avant-dern. l. et
n. *c*. Dans la rédaction telle qu'elle est ici, on est bien obligé
de lire لاكبرم, ou mieux لاكبرها; mais لاكترم est parfaitement à
sa place dans celle qui se trouve chez Ibn-Haiyán, à savoir:
حتى من ولكنه واخوته (واخونه .l) ومن خلفهما من تخابته ورعيته
أخذنا لاكترم بالخطّة. — P. IV, l. 18 (هشلم) l. هاشم d'après Mohammed ibn-Hárith, p. 332. — P. IV, l. 18—20. Mettez
'après عنبيه et "après عقبه (فاستهلّ) l. فليتهل. Mettez 'après
مخلد et "après المخلد. — Dern. l. Dans l'*Ikd* (II, p. 362):
ان كن فيان مزيد; chez al-Makkarí (I, p. 228): ما كان فيه مزيد.
— P. IP, l. 11 (جديم) l. حديم.—منشرحة (مشرحة) l. — L. 14
P. IV, l. 9 (جديم) l. حديم. — L. 15 (خطه) خطّه *. — L. 17
(موّلتد) prononcez موّلتد (cp. p. PAI, l. 12). — P. IO, l. 4 et
18 (جديم) l. حديم. — Avant-dern. l. (الجيان) الجيانى. — P. III,
l. 10 (جديم) l. حديم. — Note *c*. Lisez: A. وعنده *. — P. IV,
l. 3 (وحزبه) l. وحزبه. — L. 9 (الشمليه) l. الشمليه. — L. 11.
Au lieu de منذر بن حزم il faut lire منذر بن حريز; c'est celui
dont il a été question p. IF., avant-dern. l. Le nom de son
château, qui avait peut-être une terminaison en *era*, est dans
Ibn-Haiyán (fol. 20 r.) بعمولد. Je propose de lire بغترنيرة, ce

qui serait le ختــــرويـز de notre texte, avec le *guim* au lieu du
khá. — L. 16. Après وهشام بن الدحرون les mots من حصن et le
nom du château semblent manquer. — L. antépénult. (فنيـانة)
l. فنيانة, Fiñana. — P. ٥٦, l. 1 (استمين) écrit de même dans
l'*Ikd* II, p. 373; اشتين p. ٢٠١, l. 17, p. ٢٠٢, l. 8, p. ٢٠٣, l. 4
où A. donne deux fois الشنين. — L. 13 et p. ٧٠, l. 1 et 17
(جدير) حدير (bon dans A.). — P. ٥٣, l. 8 (فنزلت) ـنزل
L. 12 (جدير) l. حدير. — P. ٥f, l. 18 (يكبل) يكبـل (sans points
dans le man.). — L. 19. Le man. a réellement دخل اربعين,
mais nous ne le comprenons pas, M. Fleischer, M. de Goeje
et moi. — L. 20. A. ajoute ان après كذ. — P. ٧٥, l. 20
(بيطر) dans le man. بيبطـر. — P. ٧١, l. 17 (علكد) A. علاكد. —
P. ٧٠, l. 4 (يلعزو) يلغزو*. — P. ٥f, n. d. Ajoutez A. — L. 10
(جدير) l. حدير. — L. antépénult. (التزوع) A. التنزوع. — P. ١٢;
l. 8. Après تخرم A. ajoute من — L. 15 (الخشتى) l. ـالخشى؛
N. h. Après عبد الرحمن ajoutez بن عمر (man.). — P. ١٣, l. 4
(الملك) الملل*. — Avant-dern. l. (مويش) l. مويـش, comme p. ٦٨,
l. 11, aujourd'hui Muez. — P. ٥f, l. 4 (جدير) l. حدير. —
L. 18 (وتحتها) A. sans la copulative, ce qui vaut mieux. —
P. ٦٥, l. 10 (ـمنة) يـمنة*. — P. ٥١, l. 6 (طلوع) l. الطلوع. —
L. 12 (شرق) l. بشرق. — P. ٦٧, l. 11 (وثوان) وتيبـوأه. — P. ٦٨,
l. 9 (منقلبئ) متقلبـئم. — P. ٥١, l. 8. انتيـسة. Comme il s'agit
d'Atienza, on pourrait être tenté de lire اتيـنـسة; mais je crois
que la leçon du texte est bonne. On trouve aussi *Antira* (c.-à-d.
انتيشة) dans l'ancienne traduction espagnole d'ar-Rází (p. 49)
et *Anteza* dans le *Chron. Albeldense* (c. 61). Sampiro (c. 2)
donne *Atenza*, et le moine de Silos (c. 40), *Attenza*; mais ces
formes me semblent plus modernes. — L. 16. B. a la voyelle

‫ذربا‬. — P. ‫١٩١‬, l. 2 (‫حجسن‬) ‫لحجسن‬. — L. 11 ‫قرطيبرة‬ est chez
Ibn-Haiyán (fol. 23 v.) ‫قرديرة‬. — L. 17 et p. ‫١٩٢‬, l. 6 (‫جلدبر‬)
l. ‫حلدبر‬. — P. ‫١٩٢‬, avant-dern. l. (‫وارتسب‬) dans A. ‫ورتسب‬, mais
Aríb emploie la IVe forme de ce verbe dans le sens de la IIe,
p. e. II, p. ‫١٥‬, l. 8, p. ‫٨٣‬, avant-dern. l., p. ‫١٥‬, l. 1,
p. ‫١٩١‬, l. 16, p. ‫٢٠٣‬, l. 3, p. ‫٢٠٩‬, l. 10, p. ‫١٩٤‬, l. 14, p. ‫١٥‬,
l. 17 et 19, p. ‫٢٣٣‬, l. 17. — P. ‫١٩٣‬, l. 12 (‫جلدبر‬) l. ‫حلدبر‬. —
P. ‫١٥‬, l. 1 et n. a. C'est ‫الظلال‬, paraître, se montrer; cp. mon
Suppl. aux dict. ar. — L. 15 (‫جلدبر‬) l. ‫حلدبر‬. — P. ‫١٩١‬, l 8
(‫الى‬) A. ‫الى‬, et il a par erreur ‫بحلته‬. — L. 12 (‫جلدبر‬) l. ‫حلدبر‬.
— P. ‫١٩٧‬, l. 16 (‫بقالبنة‬). M. Simonet me fait observer avec
raison que la forteresse nommée après ‫فلجش‬ (c.-à-d. Falces)
doit être Tafalla, et que, par conséquent, il faut substituer
‫تفالبنة‬ à ‫بقالبنة‬. J'y ajoute de mon côté que ce nom s'écrit
aussi ‫طفالبة‬, et qu'il faut le restituer dans Ibno'l-Athír, t. IX,
p. 204, l. 8, où il se trouve dans la note, tandis que le texte
donne le nom de Tolède, ce qui est une erreur, car il s'agit
de la bataille de Tafalla, où Ramire, fils de Sancho le Grand,
fut surpris et défait par son frère Garcia. — P. ‫١٥‬, l. 3 et
n. c. Comparez dans cet appendice ma note sur II, p. ‫٤٩‬. —
L. 10 (‫بعض‬) A. ‫تلك‬. — Avant-dern. l. (‫لحجلت‬) l. ‫فحجالست‬. —
P. ‫١٩٩‬, l'antépénult. (‫واتقنها‬) ‫واتقنه‬. — P. ‫٢٠٠‬, l. 10 (‫بغرة‬) l.
‫بعزة‬. — L. 12 (‫بحلت‬) l. ‫بحلته‬? — L. 14 et 15 (‫الى اعلى‬) A. ‫على‬. —
P. ‫٢٠١‬, l. 6 (‫بلتبربة‬) B. ‫بلبتربد‬. — L. 17 (‫اشستبن‬) écrit ‫استبن‬
p. ‫١٩١‬, l. 1. — Dern. l. (‫جلدبر‬) l. ‫حلدبر‬ (bon dans A.). —
P. ‫٢٠٢‬, l. 8 (‫اشتبن‬) A. ‫اشنبن‬. — P. ‫٢٠٣‬, l. 1 (‫لتنفذ‬) A. ‫لبنفذ‬.
— l. 2. Mettez ‫يوم الجمعة‬ entre [ ]. — L. 4 (‫الشتبن‬) A. ‫اشنبن‬.
— P. ‫٢٠٤‬, l. 12. Après ‫لبعض‬ ajoutez (‫الخشم‬). — Dern. l. Après

*. — L. 4 تحاييبة (الحليبة) ajoutez وللناس (الحلايب). — P. ۲۱۰, l. 2
(حلجم) A. وتقور. — L. 14 (اصبغ) l. اصبغ. — P. ۲۱۱, l. 6
l. حلدير. — L. 10 (علىها) ملها (A. et B). — P. ۲۱۷, l. 5
(بالمتيسرين) est sans points dans B; lisez والمتنشرين — L. 12 et
p. ۲۱۸, l. 7, l. 18 et dern. (حلجم) l. حلدير. — P. ۲۱۹, l. 2
(ما فيهم) — L. 8 (حلجم) l. حلدير. — P. ۲۲۰, l. 9 راوية (روايته)
(حلجم) — L. 11 et 17 الجرائر (الجزائر). — P. ۲۲۱, l. 5 ما كان فيها
l. حلدير. — L. antépénult (شنترين) prononcez شَنْتَرِين. — P.
۲۲۲, l. 9 et suiv. J'ai reçu il y a quelques années de feu M.
de Slane une copie de cet édit telle qu'il l'a trouvée dans un
man. de Paris qu'il ne m'a pas indiqué. La date y manque.
J'en désignerai les variantes par la lettre C. — L. 10 et 11.
Les mots qui sont omis dans A, le sont aussi dans C. — L. 11.
Après قتلنا A. et C. ajoutent الله. (انرتنا) C. آثرنا. — L. 12
(درك) C. ادراك comme A. — L. 13 رجه est une faute de A.;
lisez ورجله avec B. et C. — L. 14 (واستبشارهم) C. واستيشارهم;
après فى C. ajoute النغير, comme A. — L. 15. فيه omis dans
C. — L. 17 (الا) C. والا (mauvais). — L. antépénult. (اضغنا)
اضغنا *. — Dern. l. Mettez يوم الخميس entre []. — P. ۲۲۳,
l. 10 (متقبتها) l. منقبتها, car c'est la VIIe forme qui s'emploie
dans le sens de *vivre dans la retraite, se tenir éloigné du com-
merce du monde*; voyez mon *Suppl. aux dict. ar.* — N. c
(ابنه) ولده. — P. ۲۲٤, l. 2 (حلجم) l. حلدير. — Dern. l. Mettez
] avant وقتل *. — P. ۲۲٥, l. 1 (وتسعين) A. وسبعين. — L. 16
(حلجم) l. حلدير. — P. ۲۲۷, l. 3. Lisez والحقم فى اللاحق, comme
je l'ai dit dans mon *Suppl. aux dict. ar.* (sans points dans le
man.). — L. 10. بسه est sans point dans le man.; lisez بأسه
et cp. p. ۲۳۳, l. 16. — Dern. l. (حلجم) l. حلدير. — P. ۲۲۸,

l. 2 (السغدر) l. المغدر (la rivière Algodoz). — P. ۲۱۱, l. 16
— .حلاير (جلايم) — .وتخانرين (تخانرين) — P. ۲۲۰, l. 11 et 14
L. 12 (علبا) علبا*. — P. ۲۱۱, l. 2 et 3. Comme حدّ signifie
iraxibilité, je lis ensuite: ومحارجة لاهل التجرم, ce qui peut
signifier de même: *irritabilité à l'égard des malfaiteurs*. Je n'ai
pas d'autre exemple de la IIIᵉ forme de حرج; mais puisque
خرج signifiait *se fâcher, se mettre en colère* (voyez mon *Suppl.*
aux dict. ar.), on peut bien avoir dit حارج فلانا, *se fâcher*
contre quelqu'un. جرم est le n. d'act. — L. 8 (وفنيلية) l. وفنيانة,
Fiñana. — L. 15 (اتصل) l. اتصل. — L. 21 (وآنتد) l. وآنتد. —
P. ۲۲۲, l. 9 (نجج) l. .حلاير — P. ۲۲۳, l. 14 (حي) l. نجج*. —
P. ۲۲٤, l. 8, 17 et 22 (جلايم) l. .حلاير — L. 20 (منقبضا) l.
منقبضا; cp. ma note sur p. ۲۱۳, l. 10. — P. ۲۲٥, l. 9 (وتلكها)
وتملكها*. — L. 13 et n. *b.* Conservez وتقدّم. — P. ۲۲٦, l. 8
(قتل) l. قيّل. — L. 12 et n. *a.* Le mieux sera peut-être de lire
الزينقى. — L. 13 (حرف) l. منحرفا. Mon بالفلكنة n'est pas bon,
mais j'ignore comment il faut lire. — P. ۲۲۷, L 14 (وشمرح)
وشرع*. — Avant-dern. l. La généalogie est corrompue; voyez
de Goeje, *Descr. al-Magribi*, p. 124. — P. ۲۲۸, l. 1 (عاصيم)
اليد. — L. 2 (الى طاعته) l. لطاعته. — L. 3 (لحمدا) l. .لمحمد —
L. 8 (المغرب) l. .المغرب — Avant-dern. l. (التقادحى) l. التأجم. — P. ۲۲۹,
l. 1 (الداى) l. .الدى — Avant-dern. l. Après عبد الاعلى بن هاشم
le nom du prédécesseur de ce personnage manque. — P. ۲۳۰,
l. 10 (جلايم) l. .حلاير — L. 18 (يعد) l. يعد*. — P. ۲۳۱, l. 3
(الزوراه) l. الزوراه. — L. 19 (مسبوغ) l. مصبوغ, comme p. ۲۱۱,
l. 14 Le mot qui suit est par erreur dans le man. سيمه —

5

P. ٣٣٣, l. 5 (ياخضع) l. .باخضع — P. ٣٣٤, l. 16 (القواد) l. .القواد —
L. 21 (عونوا). S'il s'agit d'Otton, il faudra lire عوتوا. — P. ٣٣٥,
l. 5 (وعبيد الله) l. .حلير (جلير) — L. antépénult. وعبيد الله l. وعبيد الله.
voyez Ibno-'l-Abbár, p. 140. — Avant-dern. l. مطرف l. (طرف) ?
— P. ٣٣٦, l. 10 (منه) l. .منها — L. 12 (أحمد) عيسى.— L. 16
(منه). — وحوائجهم (وحوائجها) ؛ حلير (جلير) — P. ٣٣٧, l. 1
حسداى L'auteur a oublié de nommer le mois. — L. 8. Il faut
l. (نصفني). — P. ٣٣٨, l. 3 (وجز) l. .وحزّ — L. 11 بن شبروط
؛أحقّي cp. l. 13 et 14. — L. 12 (حشروا) l. .حشّوا — L. 13
(بالرجل) l. من الرجل ou الرجل ? — L. antépénult. افسلان. Ce
mot est écrit indistinctement; lisez اسلان, comme p. ٣٣٥, l. 17.
— P. ٣٣٩, l. 16 (تجفيف) l. .تخفيف — Avant-dern. l. (ملك)
ملكا. Ensuite il faut lire ازال اللأوا؛ cp. al-Harírí, p. 296 (1re
édit.), où on lit en parlant de Dieu: الملحو لتحسم اللاوا, et où
le dernier mot est expliqué par الشدّة والتضيق. — P. ٣٤٠, l. 3
et n. a. Mettez صييد (pl. de أضيد) dans le texte. — L. 9
(ومرّة) l. .ومسرّة — L. 14 حلير (جلير) — L. 15. Remplacez
les points par وأتسق et biffez la note b. — L. 18 (لبست)
mieux الْبَسَت, comme dans l'Ikd (II, p. 362). — L. 20 (حربا)
l. بَأْسًا, comme ibid. — Dern. l. Lisez لن ترضى, comme ibid.;
le man. a ترضى. — P. ٣٤١, avant-dern. l. (لعبدنا) تعبدنا, c.-à-d.
.تَعَبُّدَنا — P. ٣٤٢, dern. l. (يقبلهما) يقبلها. — P. ٣٤٣ et n a.
Mettez دينار دراهم dans le texte et voyez ma Lettre à M. Fleischer, p. 12. — L. 13 (ومدخول) l. .ومدخول, comme l'a observé
M. Fleischer dans ses notes allemandes sur al-Makkarí. Variante chez ce dernier auteur (II, p. 417) et dans le Badáyi

وُخَيِّل. — L. 17. Si وابن عمير était bon, un des aïeux d'Abdo-'l-melik ibn-Djahwar aurait dû porter le nom d'Omar, mais il n'en est pas ainsi. Le وابن جُهَيِّر d'al-Makkarí pourrait passer pour un calembour (ابن جَمْهَر), mais il serait fort mauvais, car c'est un non-sens. Je pense donc que le وابن عُيَيِّر (le fils d'un petit âne) du Badáyi est la leçon véritable; elle est parfaitement en harmonie avec le second hémistiche. (القرطيل) القرضيل. — P. ٢٤٤, l. 2. تحتد semble un lapsus du copiste pour فوقد. — L. 4. Le second hémistiche ne peut pas être bon, car on serait obligé de prononcer المُخلَق, tandis que la rime est en نّى; je propose: وجَدّ والله به المُخلِق. — Avant-dern. l. La comparaison de l'endroit correspondant chez al-Makkarí, I, p. 368, l. 14 et 15, porterait à croire qu'il faut prononcer مشقَّة et النّاس, mais celle de p. ٢٤٩, l. 14, démontre qu'on peut laisser le texte tel qu'il est. — P. ٢٤٥, l. 2. البِدَل peut bien se défendre, mais je préfère البِدَل comme chez al-Makkarí. — L. 9. البلوى est البلوى chez al-Makkarí et peut-être aussi dans notre man., mais avec un noun sans point. — P. ٢٤٦, l. 2. Ajoutez الامير après زاد. — L. 3 (لغياب) l. لغيّب. — L. 5 (وصلى) l. وصل. — L. 13 (وندفا) l. ونصف. — P. ٢٤٧, l. 4 العالي est الغالي dans l'endroit correspondant d'al-Makkarí (I, p. 374); mais la leçon avec le 'ain est bonne; voir mon Suppl. aux dict. ar. sous علا. — L. 11. Biffez a. — L. anté-pénult. et n. c. Il faut ajouter الف après ثلاثة عشر; voyez al-Makkarí, I, p. 373, l. 3. — P. ٢٥٠, l. 5—7 et n. a. Ces paroles sont bonnes et appartiennent au texte. على ضعفائكم est une apposition restrictive de عليكم qui précède; = هذه علّات تفرّى

الضياع عاما بعد عام على ضعفه ثغر الاندلس كانّة. Mais ensuite il
faut lire: الى ان يَجبرهم الله. Lorsqu'il y avait une famine à
Cordoue, les revenus de ces terres devaient être distribués entre
les habitants de cette ville, jusqu'à ce que Dieu les remit en
bon état, c.-à-d. jusqu'à ce que la famine cessât. يجبرهم est
dans le man. — L. 10. Je crois qu'il faut substituer ٣٥١ à ٣٥٢,
et que le récit des événements de cette dernière année ne commence que p. ٣٥١, l. 19. Il est vrai que dans son premier volume (p. ٦٣٩), notre auteur fixe aussi l'arrivée de l'ambassadeur
des Bargawáta à l'année 352; mais celle d'Ordoño avait eu
lieu l'année précédente, comme on peut le voir dans al-Makkarí, I, p. 252. — Avant-dern. l. (جوهر) l. جمهور. — P. ٣٥١,
l. 7 (ورفعة) ورفعتة. — L. 19. Mettez un ة après قرطبة. — P. ٣٥٣,
l. 17 (الجلوب) l. الجلوبة, car انفسها est féminin par sa forme
et c'est ainsi que notre auteur l'a employé l. 11. — P. ٣٥٤,
l. 1 (يقرب من هذا) l. يقرب هذا. — L. antépénult. (الاربعة) l. الاربع. —
P. ٣٥٥, l. 13 (استرادوا) l. امتزادوا. — L. antépénult. (جوابيهم)
dans le man. جوابيها, mieux جوابيهما (des deux lettres). —
P. ٣٥٦, l. 5 (جانبه) l. جانبيه. — L. 12 (جرت) l. حَرَثت. — L. 20
(ويبقيها) l. ويبقيئ. — L. 22 (مكاتب) l. مكاتبا à cause de la mesure. — P. ٣٥٧, l. 3. Mettez la parenthèse avant وقع*. —
L. 5 (الثقفات) l. الثقفاء. — L. 15 (مرسلي) l. مرسليهم. — L. 16
(وتقوية) dans le man. تقويذ, ce que je n'approuve pas. —
P. ٣٥٨, l. 7 (انتياج) احتياج*. — L. 13 et n. a. Le حل du
man. est une corruption de حلّ; lisez ainsi. — P. ٣٩٠, l. 5
(وحز) لتلقى*. — P. ٣٩٤, l. 1 (وحز) prononcez وحّز. — L. 13.
Après ووجّه le mot pour ambassadeurs manque, وقل ou رسل —

P. ٢٩٥, l. 9 (نحوا) l. نحوا. — L. 15 (انصارو) انظاره. — L. antépénult. (مزيلين) l. مديلين (remplacer). — P. ٢٩٦, l. 16 et n. a.
Je lis مدخّلا et je traduis incrusté. — P. ٢٩٨, l. 5 et n. a.
واعلي est bon; c'est به أقلب dans le sens de دعا, il l'appela à. —
P. ٢٩٩, l. 3 (جديم) حدير. استيملك (استملك). — L. 4 et 7 —
L. 11 (أوعز) وأوعز. — مغنية خطية (معتنية). — P. ٢٠٠, l. 1 —
L. 9 (طلاوة) تلاوة. — P. ٢٠١, n. a (٢٥٣) l. ٢٥٢; n. b (٢٥٢) l.
٢٥٣. — L. 13 (كل ابن يشام). Ce passage ne peut pas être
d'Ibn-Bassám, car dans l'ouvrage de cet auteur il n'y a pas
d'article sur Djafar ibn-Othmán, comme on peut s'en convaincre en consultant l'index que j'ai publié dans mes *Script. Arab.
loci de Abbad.* III, p. 46 et suiv. Il est tiré du *Matmah* par
al-Fath (Ibn-Kháeán), mais Ibn-Adhárí a suivi une rédaction
qui diffère plus ou moins de celle qui nous est parvenue. On
sait qu'il y en a eu trois. — L. 16. واسطه est contre le sens
et contre la rime; lisez سابقه comme dans le *Matmah* et chez
al-Makkarí (I, p. 261). Pour وأرجى lisez وأرتقى et changez le
ورمى d'al-Makkarí en ورق. Pour لبنيته lisez لبيته; le mot
بيتة, qui n'est pas classique (cp. mon *Suppl. aux dict. ar.*), est
ordinairement altéré par les copistes. — L. 17 (ويضلع) l. ويضطلع
comme chez al-Makkarí. — L. 18 (اليمه معطفيها). Il y a de
bonnes autorités pour lire اليها يعطفه, voyez al-Makkarí I,
p. 389, n. f. M. Fleischer, dans ses notes allemandes sur al-
Makkarí (p. 181) recommande et explique cette leçon. — L. 19.
ونحب est écrit un peu indistinctement; on pourrait lire aussi
وجب et cette dernière leçon, qu'on trouve aussi chez al-Makkarí, est la véritable. — P. ٢٠٢, l. 2 (زثرة دنيان) l. روضة دنيان
comme dans le *Matmah* et chez al-Makkarí. — L. 5 et 6.

Lisez comme chez al-Makkarí: سَلْمَـٰ أَلْهَتْـهُ حِين وَقَلَه، وَإِسْعَادَه، — L. 11. جَسَىٰ*. — جِسَى (جِسَىٰ) L. 8. — اِو سُعَدَه،» ne peut pas être bon, mais j'ignore comment il faut lire. Le *Matmah* et al-Makkarí n'ont pas cette phrase. — N. *b* (vs. 3) l. vs. 2. — P. ٢٨٣, l. 1 (٢) l. ٢. — L. 13. Après الله il faut ajouter عَبِد الله بَن مُحَمَّد بَن; voyez Ibno-'l-Abbár, p. 148. — L. 14 et 15. بَن عَمر est de trop. — P. ٢٨٤, l. 7 (وَالْقَصُرُن) l. وَانْقَصَعُون; cp. al-Makkarí I, p. 904, l. 7. — L. 13 (احسَن) حَسَن. — L. 17 (رِوَايَة) l. رَاوِيَة. — L. 21 (الصِفَة) l. الصِفَقَات. — P. ٢٨٥, l. 15. Après البِئر ajoutez: نزَل مَلكِها فعَاد اليَه مُحَمَّد بَن نَصر بِالجِلِيَّة فلَم تَطُل المُدَّة حتى بَنَاهَا ابَن اخى عَمر وَتَبَوَّأ ارجَـاء ذلك. — P. ٢٨٦, l. 12 (تَحَذُوه) l. تَحَذُوه. — L. 13 (الخِلَافَة) l. البِيَغَر. — L. 14 (النَّبَذ) اتَّخَذَه،; (بِاحسَن) l. بِاخشَن comme j'ai donné p. ٢٨٣, l. 10, et comme on trouve chez al-Makkarí, I, p. 264. — L. 16 (الامَر) l. الامَن comme p. ٢٨٣, l. 11, et comme chez al-Makkarí. — P. ٢٨٧, l. 13 et n. *b*. Lisez يَخْتَلِف. — P. ٢٨٦, l. 1 (عَنِى) l. عَنِى (فتَكبِيًا); — L. 18 (استَوجَع) l. استَرجَع. — P. ٢٨٨, l. 7 (جَوذَر) l. جَوذَرًا; (يَدِيرَان) l. يَدِيبَرَان ذَنكَفَّا. — L. 10 (يُسَر) l. غَامِر; (فسَدَّه) l. يَسَدَّه. — L. 13 (لا مُحَمَّد) l. مُحَمَّدًا إلى, «il (al-Moçhafi) envoya secrètement Mohammed vers ceux d'entre eux qu'il voulait s'attacher»; cp. mon *Suppl. aux dict. ar.* sous دَسّ. — L. 18 (جَوذَر) l. جَوذَرًا. — P. ٢٨١, l. 5 (بَن) l. مِن. — L. 15. قَبِل الغَلس بِالشَاكِر ne donne pas de sens, et je ne saurais admettre les conjectures fort divergentes que M. Fleischer et M. de Goeje m'ont fournies sur ces mots. — L. 17. Dans le premier hémistiche il a été question d'eau et خَاثِر est l'épithète d'un liquide. Par conséquent حِبَابَه, qui est sans point dans le man., ne peut pas être bon. Je lis خَلِيَّم

(vinaigre). — L. 19 (ولحوم) l. ولحوم. — L. 20 (وجرائم) l. وأجرائم. — L. 21. (؟). Pour la clarté j'aurais dû ajouter les voyelles قَمْ. — P. ٢٨٢, l. 6 et n. b. Lisez فَنَحَمَ. — L. 11 (عشيرته) l. عشيرته ; à vrai dire le man. a عشيرته, mais avec deux points sous le ش, qui sont de trop. Biffez par conséquent la dernière signification de عشيرة dans mon *Suppl. aux dict. ar.* — P. ٢٨٣, l. 4 وأوَّصَل l. (وامل) et يدّخِر et (ويدخِر) l. يدّخِر et (يدخر) — L. 6 — L. 9 (غالبا) l. غَالَبَ. — P. ٢٨٥, l. 10 (الثمانين) ثمانين. — L. 16 الخلائة est un *lapsus calami* du copiste; il faut lire الجلادة ; cp. al-Makkarí II, p. 62, l. 12. — P. ٢٨٦, l. 9 (الاستحذاء) l. الاستحداء. — L. 16 (فاضاء) biffez ° ; c'est de ما يبيض. — L. 17 (خطلوا) l. خُطئاء d'après le *Matmah*. — P. ٢٨٧, l. 2 (فى) l. با. — L. 16 (استنفدتّ) l. استنفدتُّ. — L. 17 (شى) écrivez شى. — L. 19 مجازاة (مجازاة); أجازى (أجارى). — P. ٢٨٨, l. 1 ينفع (يقع). — P. ٢٨٩, l. 17. يسقيه est indistinct dans le man. et le copiste semble l'avoir changé. La véritable leçon est يُسَعَّر comme chez al-Makkarí II, p. 63. — P. ٢٩٠, l. 1. لسبيلها est chez Ibno-'l-Abbár, mais le man. du *Bayán* porte يسبيلها, qui est bon aussi; cp. mon *Suppl. aux dict. ar.* sous مضى. — L. 8. وبمنصعون بها est la véritable leçon, qui se trouve aussi dans le *Matmah* et chez al-Makkarí (I, 274); mais le man. a فيبها — L. 9, 10 et n. c. On peut conserver la forme qui est dans le man comme chez al-Makkarí. — P. ٢٩١, l. 8 (حَسَبَ) حَسَبٌ. — L. 15 (العباس) l. بنى العباس. — L. 18, 19 et 21. Ces lacunes proviennent de ce qu'une partie du papier a été enlevée. — L. 20 (ويقتصون) la copulative semble de trop. —

L. 21 (جلّتُمْ) جِلْتُنُمْ. — Avant-dern. l. ولْحَلنَا doit être changé
en ولْخطر. C'est une excellente correction de M. Fleischer, qui
compare al-Harírí, 1re édit., p. 168, l. 6, اقتحام الاخطار «af-
fronter les dangers.» En effet, cette phrase est fréquente. —
P. ۲۹۲, l. 1. Lisez قرّ زايةُ. Tous les man. d'al-Makkarí (I, p.
263) portent وصوبه, mais il faut lire وحرّف avec celui du
Bayán. — P. ۲۹۳, l. 1. Avant ينسلى il faut nécessairement
ajouter لا, mot qui manque aussi chez al-Makkarí. — L. 5.
Lisez يخالفه ظفر comme chez al-Makkarí. — L. 6 (ولصمه).
J'adopte la correction de M. Wright واسم. — L. 13 et n. d.
La leçon راتسعة est bonne aussi et M. Wright lui a donné la
préférence. — P. ۲۹٥, l. 7 (الاينه) الانبه. — L. 9. Mettez 'après
اسلحته. — L. 12 (وجليات) l. وجليلات comme chez al-Makkarí
(I, p. 381). — L. 16 (بجورتها) l. بحوزتها comme chez le même. —
Dern. l. عليهما est aussi dans les man. d'al-Makkarí, mais l.
عليه. — P. ۲۹٦, l. 18. الّا يذكرونه serait contre la grammaire,
puisque la conjonction انْ exige après elle le subjonctif; il
faudra donc lire, comme chez al-Makkarí, فلم لا يذكرونه. —
L. 20—22 (وجلّته) et (تَفَاوُتَ). J'adopte les corrections de M.
Fleischer (dans al-Makk.) وجلست et (comme portent des man.
d'al-Makk.) تَقَاوُزَ. Ensuite il faut suivre le texte d'al-Makk. et
lire après بنا: جو وسقانة رقّ اديمه، هواء واعتدال فناء وسعة
اعتلّ نسيمه. — P. ۲۹۸, l. 1 (ربنة) ربّه.*. — Dern. l. البحر peut
être sous-entendu; il n'est donc pas nécessaire de l'ajouter. —
P. ۲۹۹, l. 2 (مناله) l. يمنايله; cp. p. ۲۸۳, l. 17. — L. 19 (لوطًا)
l. لواطًا. — P. ۳۰۰, l. 3. Lisez ويمرّونه et voyez mon Suppl.

aux dirt. ar. — L. 7 (بـيـنـة) l. بـيـنـد. — L. 17. Lisez اقـتـرب
comme chez al-Makkarí I, p. 396, et c'est ainsi que porte le
man., excepté que la deuxième lettre n'y est pas ponctuée. —
L. 18. Ce vers, qui est singulièrement altéré, doit être lu
comme chez al-Makkarí:

خَلِيفَةٌ يَلعب فى مكتب   وأمّه حُبْلى وقَمِص يُنَاكُ۞

P. ٣٢, l. 5 et n. *c.* Restituez وطـعـن. — P. ٣٣, l. 1 (٣٨٩, le
premier) l. ٣٨٩, cp. t. I, p. 263, l. 4. — P. ٣٠٤, l. 14 (واقٍ)
واصِرَ. — P. ٣٠٦, l. 8 (يسوءَ) يَسُوقُ. — L. 11. D'après M. Fleischer, le *wau* avant وحـرم est le وأو الجـمـع ou وأو المعيّـة, pour
lequel il renvoie à un de ses articles dans le *Zeitschrift*, t.
XXXI, p. 565—7. فتَحَرَّمُ أُمّه وحَرَّمَ ابيه «alors l'infidélité de sa
mère s'attache (comme une souillure) au harem de son père».
Mais je doute que ce Berbère, qui est qualifié d'ignorant, ait
connu cette finesse de la grammaire arabe, et qu'il s'en soit
servi dans le discours familier, où elle n'est pas à sa place.
En outre, ce n'est pas piquant: une telle parole n'aurait pas
fait éprouver à Almanzor une grande confusion, et l'on n'en
aurait pas gardé un long souvenir. J'aime donc mieux avouer
que le sens des mots en question m'échappe. — P. ٣٠٧, l. 12
(الحـط) l. السـخـط comme chez Ibno-'l-Abbár (p. 146) et dans
le IVᵉ livre d'al-Makkarí. — L. 15 (نـزوحـد) تـزوحـد, c.-à-d.
تَزُوحـد. — P. ٣٠٨, l. 4 et n. *a.* Lisez بقـصـر لـلـخـلافـة comme chez
al-Makkarí I, p. 360, dans l'endroit correspondant. — L. 12.
Le mot que j'ai écrit لـلـرسـم est illisible dans le man.; il faut
لـلزيت comme chez al-Makkarí I, p. 361. — L. 13 (وفـنـائـه) l.
وقـبـايـه comme chez le même. — L. 16 (وخـمـسـة) l. وخـمـس
comme chez le même. — Avant-dern. 1 La troisième lettre de
الـمـقـتـش semble plutôt un ﺍ ou un ﺍ non ponctué, l. الـمـقـتـش

comme chez al-Makkarí. — P. ٣١., l. 4 (يحملها) يحملها. — —
L. 5 (صار) mieux سار comme chez al-Makkarí. — L. 11. M.
Wright a donné aussi يسنتين, avec la variante de trois man.
يسنين; cette dernière leçon se trouve dans le *Bayán*. — L. 12
(والعامة) والعامة *. — P. ٣١١, l. 7 (وانفذ) l. وايعده comme chez
al-Makkarí. — P. ٣٦٣, l. 15. مشرق est dans al-Makk., mais le
Bayán a مشرى. — Dern. l. Après دابة le copiste semble avoir
omis par mégarde les mots فتبتاع اليوم دابة qui se trouvent
chez al-Makk. — L. antépénult. (توذى) l. تـوذى comme chez le
même. — P. ٣١٥, l. 14 (يستحقاقه) l. يستحقفه (*comme il le
méritait*). — P. ٣١٦, l. 19 (فيها) l. فيها comme chez al-Makkarí
I, p. 270. — L. 20 et n. a. Lisez اقصى. — P. ٣١v, l. 1. Les
mots وكان دخوله اليها على قروية sont déplacés ici; la ligne 10
explique la cause de cette méprise. — L. 20 (ة) ة *. — L. 21
et n. a. Restituez متباعده qui est aussi dans le *Bayán*. —
P. ٣١٨, l. 6. سباخة peut être bon, car le *Vocabulista* le donne
dans le sens de *marais*; dans le man. c'est سباخد; M. Wright
a fait imprimer سباحة *. — L. 11 (اقضوا) *. — P. ٣١٩, l. 6
(بلادهم) على بلادهم l. comme
chez al-Makkarí I, p. 262. — Dern. l. (الامر) l. الامور comme
chez le même. — P. ٣٢., l. 4 (موضعا) l. موضع; متنزة l. (متنزها)
— L. 9 (قصصت) l. نصصت comme chez al-Makk. — L. 12
باكتاب السيد يتعرف ما l. — L. 20 et 21. Ecrivez: (اوقد) اوكد.
حواصلها l. (حواصل). — .الجنيد ويحلف له ياعظم اليه — Dern. l.
comme chez al-Makkarí.

CORRECTIONS SUR LE GLOSSAIRE.

P. 5, l. 4 a f. (الیم) یبرأ*. — P. 6, l. 6—8. Pas d'origine berbère; voyez mon *Suppl.* sous یسرج II. — L. 12 (یبری VII). Un peu autrement; voyez Lane. — L. 15 (بقی X). A biffer; c'est سبق VIII. — P. 7, l. 3 (البهیم). A biffer; c'est أَبَّهَمَ. — L. 16 (جبس). A supprimer ici et dans mon *Suppl.*, car la bonne leçon est الجُبَیل. — L. 7 a f. (espèce etc.). Voyez mon *Suppl.* — P. 9, l. 1—6 (حرد IV) corrigé dans mon *Suppl.* sous حرد IV. — L. 10 et suiv. (محرس). Voyez le Glossaire sur Edrísí et mon *Suppl.* — P. 10, l. 14 (اعل الحسنة). A biffer, car ce sont *ceux qui tâchent de mériter une récompense dans la vie future.* — L. 22 (حفظ III). Substituez *protéger* à honorer. — P. 12, l. 7 (حلط I). A biffer, car c'est یحلط. — L. 9 (محمود). Lisez *scammonée* et voyez mon *Suppl.* — L. 16—19 (حرف X). Corrigé dans mon *Suppl.* — L. 20 (حونة). Substituez *quartier, partie d'une ville,* à *plaine.* — L. 6 a f. (خرج III). A biffer; voyez ma nouvelle note. — L. 5 a f. (خشب II). Corrigé dans mon *Suppl.* — P. 14, l. 8. Conservez بالتكسیر et voyez mon *Suppl.* sous كسر II. — L. 9 (ثثقب) l. ثَثَقَف ou ثَثَقَف. — L. 13. Le mieux sera peut-être de lire وأَقَوِّم et حسّنَ,

et de traduire: «Il les traita avec justice pour ce qui concernait leur obligation de payer le fermage au fisc.» — Dern. l. et n. 4. Lisez سواد شَرَعًا (ou شَرَعَا) et voyez Lane sous شَرَع. Le *Vocabulista* a شَرَع ابن سَوَا sous *omnis*, ce qui n'est pas exact, car c'est *tout à fait égaux*. — P. 15, l. 5. La répétition du verbe زَمَّ est choquante. L'un ou l'autre est peut-être altéré. — L. 6 (المستحدثت). La grammaire exige المستحدثة. — P. 16, l. 8 a f. خَلُوقَى signifie *ayant la couleur du parfum nommé* خَلُوق, c.-à-d. *rouge-clair*; voyez mon *Suppl.* — P. 18, l. 4 (دفع I). A *avancer* il faut substituer *pousser son cheval, le faire galoper à toute bride, se lancer en avant.* (يَنْدَفِع) l. مَدْفَع et voyez mon *Suppl.* — Avant-dern. l. Lisez: *revenir sur un projet.* — P. 19, l. 5 (رحم X). C'est le passif; voyez Lane. — L. 10 (زحف). A *déroute* substituez: *échec, perte considérable que fait un corps de troupes dans un combat*, et voyez mon *Suppl.* — L. 8 a f. (رصد II). Lisez: *garder, surveiller un prisonnier*, et voyez *ibid.* — L. 5 a f. Ajoutez: ٣٠. — L. 4 a f. (رامية). A biffer, fausse leçon. — P. 20, l. 9 et suiv. Pour سبب voyez mon *Suppl.*, et l. 16 lisez من نخائر*. — L. 9 a f. (سبنية). Voyez mon *Suppl.* Les mots romans viennent de σάβανον. — P. 24, l. 10 a f. (سمت III). A biffer, fausse leçon. — L. 3 a f. (شبية). Ajoutez: II, ٣٢، 15 (n. e). — P. 27, n. 1. Une pièce sur le même sujet se trouve chez al-Makkarî, t. II, p. 282 à la fin. — P. 29, l. 15. Ajoutez: c. علي p. et a. ٢., I, ٣٠٦, 3 (voyez plus haut ma note sur ce passage); cp. mon *Suppl.* — L. 19 (تصبية). Voyez *ibid.* — P. 31, l. 9 a f. Pour *imminuit* lisez: *se montrer, paraître, se faire voir.* — P. 32, dern. l. et suiv. A biffer, car طمع X a ici sa signification ordinaire. — P. 33, avant-dern. l. et suiv. Voyez mon *Suppl.* — P. 34, l. 3 et 4 (عتا IV). A biffer, fausse leçon. — L. 9 et suiv. (عـد IV). Supprimez cet article et lisez partout أَقَلْ; voyez mon *Suppl.* sous عـد IV. — P. 35, l. 4 (عزّاً) l. عزّاً, et supprimez «en effet» etc. — L. 7 (عشيرة). A biffer, fausse leçon. — L. 8 et 9 (عصب I). Même remarque. — L. 14 et suiv. (اعل المعاقد). Voyez mon *Suppl.* — L. 9 a f. (عليـة). A biffer, fausse leçon. — P. 37, l. 15 et 16 (غور II). Même remarque. — L. 17 (غـلّـة). A *d'assassiner* etc. substituez: *de perdre quelqu'un, de le ruiner.* — L. 8 a f. et suiv. (فصل). A supprimer, car à présent j'ai changé la leçon. — L. 5 a f. (فضح III). Substituez *outrager* à *déprimer.* — Dern. l. Substituez *encocher* à *tirer.* — P. 38, l. 6. قيل X doit être supprimé, car c'est *se rendre vers.* — L. 4 a f. (قبّى). Voyez mon *Suppl.* — L. antépénult. et avant-dern. Lisez deux fois قرضيل. — P. 39, l. 12 (قرميط). Au lieu de *la boussole,* lisez *l'aiguille aimantée* dont on se servait sur les vaisseaux avant l'invention de la boussole; modifiez par conséquent ce qui suit. — P. 40, l. 4. La page est ١١١, mais voyez ce que j'ai dit dans mon *Suppl.* sous قـنـفـذ. — L. 8 et 9. Non, le verbe signifie cela aussi; voyez mon *Suppl.* — L. 18 (أَقْـفـص) l. قـفـص. — L. 6 a f. (كبيـس VII). A biffer, fausse leçon. — P. 41, l. 6. Substituez *désapprouver* à *retenir,* et voyez mon *Suppl.* — L. 14 (كـفـاية). Substituez *capacité* à *administration;* biffez ce qui suit et voyez mon *Suppl.* — L. 17 (٤٧) l. ٤٨. — L. 18 (لـثم V). A biffer, fausse leçon. — L. 19. ملحـد est ملحـد dans le *Mohît;* voyez mon *Suppl.* — P. 42, l. 18 (والنثيبات) l. والنثّيبات; le man. B. a

واَلثَّيِب. ‫واستشيب‬ ، c.-à-d. — P. 43, l. 5 a f. Ajoutez: أَلنَّجَبَ
garnison, II, ٢٦٩, et voyez les livres cités dans mon *Suppl.* —
P. 44, l. 8. Lisez: مُنتَشَب *demêlé, querelle.* — L. 9. Il faut
lire النَاشِبَة *les archers.* — P. 45, l. 1—3 (نَقَ VIII). A biffer,
fausse leçon. — L. 11 (حمص III). A biffer, c'est de حامِص
يَهِيص — L. 16 (وجع X). A biffer, fausse leçon. — L. 10
a f. (وسِع V). Lisez: *donner amplement à* quelqu'un *ce dont il*
a besoin.

CORRECTIONS SUR LE TEXTE
D'IBNO-'L-ABBÁR.

Par le sigle E. j'indique le man. de l'Escurial.

P. 29. Voyez sur Ibno-'l-Abbár, Ibn-Khaldoun, *Hist. des Berbères*, t. I, p. ٣٢١ et suiv. Un très long article sur cet auteur se trouve chez Ibn-Abdalmelic al-Marrécochí, man. de Paris n° 682 suppl. ar., fol. 86 v.—96 v. — A la fin. Je vois par le travail de Müller que la méprise est plus ancienne. Ce n'est pas le man. de l'Escurial qui est mal relié; celui sur lequel il a été copié l'était déjà. — P. 32, l. 14—16. Les mots قريش مولى زيد بن ومحمد sont dans E. en majuscules. C'est le titre d'une nouvelle biographie, et celle qui suit commence aussi par la copulative (واسمعيل; voyez Müller, *Beiträge*, p. 348). Par conséquent il faut supprimer ces lignes dans mes extraits, car elles n'appartiennent pas à l'histoire d'Espagne, mais à celle d'Afrique. — P. 34, l. 2 (يأتس) l. يأتس (E.). — L. 6. Dans le 4ᵉ vers de ce poème, Ibno-'l-Abbár donne سقتك, au lieu de سقاك. — L. 9 l. مكبّسة تجها. Le premier mot a la signification que j'ai indiquée en dernier lieu dans mon *Suppl. aux dict. ar.* sous كبس II. — L. 13 et n. 2. Le بن st dans E. — P. 35, l. 4 (المقراب) E. الـغـراب. — L. 6. E.

حِيَازٌ, comme j'ai corrigé. — L. 17. بِالْمُسْتَطِيع ne donne point de sens. E. semble porter بِالْمُسْتَطْمِع, mais l'avant-dernière lettre est indistincte. Si le verbe طَمِع a réellement une Xᵉ forme, celle-ci doit signifier *s'inspirer de l'espoir d'obtenir ce qu'on désire*; بِالْمُسْتَطْمِع serait donc ici: «en comparaison de ce qu'il s'était cru en droit d'attendre». — L. 18 شَتَّانَ l. (سِيَان), comme la copie de la Soc. asiat. porte aussi. — N. 3. كَى aussi dans E. — P. 36, l. 6 (جَوَلَى إِعَادِ) l. جَلّ إِعَادِ (E.). — L. 14 et n. 3, et l. 17. E. الْغَرَانِق et ابِس, comme j'ai corrigé. — L. 18 et 19. Voyez Add. et corr., p. 257. — Dern. l. Voyez *ibid.* Le dernier mot est dans E. الْأَوَائِق, qui n'existe pas. C'est peut-être une altération de الْغَرَائِق, puisque l'*Akhbár* (p. 118) a هَوَاجِر الطَّوَائِق. — P. 38, l. 1. C'est وَحَضَهُ. — L. 6 et n. 1. E. الْكَرَم. — L. 13. J'aurais bien fait d'ajouter les voyelles, كَأَنَّ. — L. 15. E. كَذَاك. — L. 18 l. مَفْوَهًا وَشَاعِرًا — الشَّنْعَاء يَوْم الْأَرْبِعَاء النَّحِسَة l. مَجُودًا (E.). — P. 39, l. 4 l. L. 8 et n. 2 et 3. صُفِقُوا (avec ces voyelles dans E.) est bon, et E. a إِزَاء comme j'ai corrigé. — L. 9 et n. 4. E. طِيمَا. — L. 15 l. طَاعِنِين (E.). — P. 40, l. 10 et n. 1. Ce que le copiste a pris pour un ∴ est dans E. un ~ avec le *techdîd*. — L. 12 et n. 2 et 3. La copie s'accorde avec E.; restituez par conséquent دَعَا مَا et تَوَالَى مَا sans ڤ. Le مَا est le مَا الْمَصْدَرِيَّة; voyez sur cette sorte de pléonasme les notes allemandes de M. Fleischer sur al-Makkarí, II, p. 580, l. 4. — L. 13 et n. 4. Dans E. c'est بِيع (*sic*); la bonne leçon est encore à trouver. — P. 41, l. 9 l. رَأَيْتُ. — N. 1, sur vs. 5. Dans E. حِيَنَك se trouve dans le texte et احَا حِيَد sur la marge. — L. 11

يُخْتَى E. (يخشى) l. (أَستنشدِن) (E.). — L. 14 (أستنشد فِي),
mais quoique صبح y soit ajouté, cela ne donne point de sens.
Je propose يَنْحَشِر. — P. 42, l. 3. Prononcez أَنْقِنا فِي. —
L. 5. Comme ce vers ne présente point de sens, je propose
de substituer بِيَمْ à بِيمْ et يَيْماء à بِيماء — L. 8. E. donne
للبُدن et c'est en effet للبُدْن, pl. de يَخَنَة — L. 16 (تعيد) l.
قَعَنْد comme chez al-Makkarí, II, p. 40, avant-dern. l. — P.
43, l. 8 et n. 1. Restituez حتى (E.). — L. 11 et 20 (كثرة) l.
كنزة (E.). — P. 44, l. antépénult. (عشى) l. يعشى (E.). —
Avant-dern. l. Changez مشروعة en مَشروعة, car ce participe se
rapporte à للخُطى. — Dern. l. Biffez ma note. A وقلت je crois
devoir substituer وقلب, «et avec le cœur d'un homme coura-
geux et prudent.» Ma conjecture est, si je ne me trompe, bien
fondée, car on lit dans un vers cité dans le *Bayán*, (t. II,
p. ٣٣, l. 16) جَنانٌ مُشَيَّع, et dans un autre, qui se trouve
dans la *Hamásah* (p. 42, l. antépénult.), قَلْبُ شَيْحانَ. —
P. 45, l. 18 (ايدم) l. ايدن (E.). — P. 46, l. 11. جمعا est
dans E. جعا avec un point en bas entre ه et ع; lisez جميعا. —
L. 17. مع manque aussi dans E. — P. 47, l. 4. قتل est dans
E. قتل; l. قال. — L. 7 et suiv. Voyez Add. et corr., p. 257. —
L. 9. الغضل se trouve dans E. sur la marge, mais le texte a
للخصل, qui est bon aussi. — L. 12 et n. 2. La leçon لها est
aussi dans E. — P. 48, l. 2 et n. 1. بن est dans E. — L.
18 et n. 2. E. سمت (*sic*); mais M. Fleischer et M. de Goeje
approuvent ma correction. — P. 50, l. 10. Le second hémistiche est emprunté à un poète plus ancien; voyez la *Hamásah*,
p. 304, l. antépénult., où c'est: ولا بد من ان تستردّ الوقائع. —

P. 51, l. 5 (ربيعك) l. ربيعك (E.). — P. 52, l. 13 (فيغى) l. يبغى (E.). — P. 53, l. 5 (وقوضوا) l. وقوّضوا (E.). — L. 12 et n. 1. E. الدجال comme j'ai corrigé. — L. 16 (لم) l. له*. — Dern. l. et n. 2. La faute ابو est aussi dans E. — P. 54, l. 10 (ولّى) l. ولّى (E.). — L. 16. E. اجتمع comme j'ai corrigé. — L. 20 et n. 2. E. غسد (sic), mais lisez comme je l'ai fait. — P. 55, l. 4 et n. 1. Biffez la copulative qui n'est pas non plus dans E. — L. 10. Changez تلخّس en تلخّص. — L. 14 (امدّ) l. امدد (E.). — Avant-dern. l. et n. 3. E. comme la copie. — P. 56, l. 16 (بشاطيد) E. بشاطيد; l. بشاطئه. — P. 58, l. 9 et n. 1. E. a aussi la faute عرد. — P. 59, l. 17. Changez وفصّل لخطّك en فتّصرّى*. — Avant-dern. l. E. الخطّك mais je crois devoir lire وفتّل الخطّة; cp. la tradition à propos de Cailah, citée par Lane sous خطّة. — P. 61, l. 2. Mieux ابن عبيد (E.). — L. 10. Lisez ابيه للسّلّالة (E.). — L. 14. Voyelles وأمّا (E.). — P. 62, l. 9. E. البشرى comme j'ai corrigé; (تغشى) l. تغشى (E); la faute الابصر est aussi dans E. — L. 10 (وثّن) l. وثّن (E.). — N. 4, vs. 2. E. غيرو احدٌ ببلى. — P. 63, l. 1. E. يساكرو comme j'ai corrigé. — L. 3 (فوّق) l. فوّق (E.) et cp. plus haut ma note sur le *Bayán*, II, p. ٥, l. 10. — L. 7 (جارتته) l. جارئته (E.). — L. 16. نفذ est aussi dans E., mais avec un *dál* au-dessus du *dhál*, et je crois qu'il faut lire نفذ. — L. 18 (ملاّ) l. ملكا comme dans l'*Akhbár*, p. 140. — Avant-dern. l. (جدّ) l. جدّ; restituez يحط (aussi dans l'*Akhbár*) et écrivez يكّد ou يكّد (sans voyelles dans E.). —

P. 64, l. 2. E. a les voyelles قَرْتَمَان. — P. 65, l. 10. E.
وَعَزَمى بِعَمْ (ou اَلْعَمْ) أَنْثَنَى السُّيُوفِ (sic); lisez donc: وعزمى نعم
الى الضرب. — L. 12. E. يستعل comme j'ai corrigé. — L. 19
(جُدَيْر) l. حُدَيْر (E., mais sans voyelles). — P. 66, l. 1 et 3
(معتب) E. مُعَتِّب, si j'ai bien compris la note de Müller. —
الاوائل l. يراوعه (يراوعه) (E.). — L. 14. Mettez 'après
et "après الشمائل. — P. 67, l. 3. E. وكان comme j'ai corrigé. — L. 6. نكراء est peut-être dans E. نكبداء. — L. 8. E.
confirme ma correction لباغى. — L. 13 et 14. E. a dans le
texte: للذل فلنا دور تسعنا لا تقدرون, et après تسعنا une marque renvoie à cette addition écrite en marge:

(و)تغنينا عنكم فلن

(ح)لتم بيننا وبينها فلنا

(د)ور تسعنا

On voit parfaitement ce que l'auteur a voulu dire, mais il
n'est pas facile de restituer ses paroles. — L. 19. E. استرجاعه
comme j'ai corrigé. — N. 5. E. a la même faute. — P. 69,
n. 1. منعم manque aussi dans E. — L. 17. Restituez شديد
(E.). — P. 70, l. 12. E. comme j'ai corrigé. — N. 2. E.
حدثها. — P. 71, l. 9 (ايقضت aussi dans E.) l. ايقظت. —
L. 11 (الروع) l. فى الروع (E.). — L. 18. قنحليذ est dans E.
بحليذ; l. نَحْلِيَة, vin de dattes. — L. antépénult. الميثا n'existe
pas; l. المُفَثَّا. — Dern. l. Pour شيئا E. a شينا (sic); l. شَيْئًا.
— P. 72, l. 2. J'aurais bien fait d'ajouter les voyelles, قَرْع
(E.; impér. de وزع). — L. 5. E. a يعى sans voyelles; je lis
يَغْنَى en prenant غَنِى dans le sens de كان; lisez ensuite

مسمعنا لديه حوالیّا (E.). — L. 8 (يبرج) l. فرج (faute d'impression, corrigée p. 257). — L. 11. E. comme j'ai corrigé. — P. 73, l. 10. E. confirme ma correction. — N. 2. E. a la même faute. — P. 74, l. 6 (فأَغَـدّ) l. فأَغَـدّ (E.). — L. 11 (الشغر) l. السغر *.—. — P. 75, l. 8 (وخرج) l. وحرج (E.), c.-à-d. وحـرج; cp. mon *Suppl. aux dict. ar.* — L. 10 et n. 1. وكجده aussi dans E.; l. وكجـه. — L. 11. Prononcez فَلْستَـقَـلّ, c.-à-d. *se relever, se remettre sur ses pieds*; voyez mon *Suppl. aux dict. ar.* — L. 12 (مركيد) l. موكيد. — L. 15. Le mot après وللخاصد se trouve dans E. sur la marge, qui a été coupée, et ce qui en reste est peut-être ر. Mon ذاك n'est pas bon, mais je ne trouve pas le mot qu'il faut. Après اولاد E. a peut-être غـ. — L. 18. Ce bizarre الیهبا est aussi dans E.; Müller propose منها. — P. 76, l. 8. E. comme j'ai corrigé; mais en outre je crois devoir substituer تجـد à يجـد. — L. 10. ثوان aussi dans E., mais Müller corrige avec raison تَوْان. — L. 12 (مقلم) l. مكـان (E.). — Avant-dern. l. et n. 3. Le mot qui manque est خزى (E.). Ensuite E. a وقـعد comme j'ai corrigé. — P. 77, l. 8. الایـقـاع (dans E. par erreur الاقع) me semble avoir ici le sens que, dans mon *Suppl. aux dict. or.*, j'ai donné pour توقيـع, *dire des plaisanteries*. — L. 10 (الجهل) l. الجيـل (E.). — N. 1. La même faute dans E. — P. 78, l. 3. E. comme j'ai corrigé. — L. 11 (انسى) l. اننى (E.) et prononcez أَننى. — L. 14. Restituez لمعذور (E.). — L. 19 (سلمَت) l. مسلمَة (E.). — Avant-dern. l. (عزيمة) E. عزيمة, l. عزيمة. — P. 79, l. 17. Biffez فى, qui n'est pas dans E. — P. 80, l. 6 (وانضوت) l. وانضرب (E. et Ibn-Haiyân, fol. 40 v.), comme j'ai corrigé p. 257. — L. 7 (الاعراب) l. الأحراب (E. et Ibn-Haiyân). — L. 12. E. et

Ibn-Haiyán comme j'ai corrigé محريبـا (aussi dans E. et chez Ibno-'l-Khatíb) est مِحَيَّنا; Ibn-Haiyán a محاربا. — L. 16. Pour نليل Ibn-Haiyán a زيبـل. — N. 2. Le second حصـنـا (qu'Ibn-Haiyán a aussi) se trouve dans E. sur la marge. — P. 81, l. 3. Changez وثخم en وخسم (E. et Ibn-Haiyán) et cp. sur ce verbe mon *Suppl. aux dict. ar.* — L. 5 (وقـع) l. اوقـع (E. et Ibn-Haiyán). — L. 9 (راجعين) l. زأحفين (E.; chez Ibn-Haiyán راجـفـين). — L. 10. Il ne sera pas inutile de remarquer que كوقع الصيادى n'appartient qu'à الرماح; cp. Zamakhcharí, *Fáïk*, II, p. 45: شيّد الرماح التى تُشْرَع — يقرون بقر مجتمعة. — L. 14. Müller n'a rien noté, mais lisez يحـزّ et حـزّ comme chez Ibn-Haiyán. — L. 15 et 16. Transposez ces deux vers comme chez Ibn-Haiyán. Le vers سـما est dans E. sur la marge, mais la marque qui y renvoie se trouve après بواطـل. — L. 17 (قَـد) corrigez قَـد. — L. 18. مساجـيرة (aussi dans Ibn-Haiyán) n'est pas bon; peut-être faut-il lire مسـاحيـرة avec E., dans le sens du *fluctuating* de Lane, car le substantif sous-entendu est كتيبة (cp. le Glossaire sur Moslim sous اللم). — L. antépénult. (سـم) l. ما (E.). — P. 82, l. 4. E. comme j'ai corrigé. — L. 6. Substituez avec E., Ibn-Haiyán et Ibno-'l-Khatíb (dans mes Add. et corr., p. 258) بيحيى à يحيى, et alors l'hémistiche est bon. — L. 9. E. اثروا; lisez أُثِروا, *qui ont été trompés.* Ibn-Haiyán: احـذوا بالعهود بـعـد العهـود. — L. 10. Ibn-Haiyán a قَـيّـد, comme j'ai donné; mais E. a قَـدّ, leçon qui donne un fort bon sens et qui est confirmée par deux man. d'Ibno-'l-Khatíb, celui de Paris et celui de Berlin. Restituez le même mot p. 87, l. 11. — Dern. l. Au lieu de بـعـد حتـف, il faut

lire comme chez Ibn-Haiyán (48 r.) بعد كأس. — P. 83, l. 6.
الاذلّ, *le plus vil*, ne convient pas; je lis الاذلّ, *le plus évident*
(cp. mon *Suppl. aux dict. ar.*). — L. 9, 10 et n. 1. Voyez
Add. et corr., p. 259, 260. Chez Ibn-Haiyán (42 r.) comme
chez Ibno-'l-Khatíb. — P. 84, l. 5. E. comme j'ai corrigé. —
L. 19. منيعـة est chez Ibn-Haiyán (92 v.) مهيعة, et dans E.,
mais indistinctement, مهيعة. Il faut lire ainsi; مَهْيَعَةٌ, forme
que les dict. n'ont pas, est = مَهْيَع. — Avant-dern. l. et p.
85, l. 1. E. comme j'ai corrigé. — P. 85, l. 2. Les mots كل
الله لعبد se trouvent dans E. sur la marge. — L. 20 (للعـداع)
l. للقا داع (c.-à-d. داى) avec E. et Ibn-Haiyán. — P. 86, l. 1.
Ici E. a bien جيجان, mais à la ligne 3 جيحان. Ibn-Haiyán a
dans les deux endroits la dernière leçon. — L. 4. Substituez
l. (والصير) — P. 87, l. 4 (ى) l. عن.* — L. 12 (ى) l. وثن à وثن
والصير.* — L. 6 (نرجو) E. تـرحو; l. تـلـجـو. — L. 11. Ibn-
Haiyán a القيد, mais E. الـقـد, et il faut lire الـقـد; cp. ma
note sur p. 82, l. 10. — L. 16. Mieux chez Ibn-Haiyán:
أَمْضَى لى من القتل. — L. 17. موطـنـا semble un peu indistinct
dans E., mais Ibn-Haiyán confirme ma leçon. — L. 19. De
même dans E., mais lisez وانسـمـوس بين et cp. le *Bayán*, II,
p. ٧٢, l. 5. — Avant-dern. l. Pour اسـبـغ (aussi dans E.) l.
اصبغ. — P. 88, l. 5 et n. 1. E. comme dans la copie, et il
faut lire en effet كورسيّ; mais لـه est de trop et en outre cette
phrase est en contradiction avec ce que l'auteur a raconté p.
67, d'où il résulte que ce Solaimán, loin d'être imberbe, avait
au contraire une grande barbe. — L. 6. النـبـخـى est dans E.
sur la marge. — L. 8 l. محتشبيا * et والظرف.* — Dern. l. (وما)

l. او ما (E.). — P. 91, l. 6 (الاداب) l. الآداب (E.). — L. 8 (ليلة عشرة) l. لثلث عشرة; cp. ce que j'ai dit plus haut dans ma note sur le *Bayán*, Introd., p. 49. — Dern. l. والصناعة والنجامة est bien dans E., mais l'article du premier mot et la copulative du second y sont biffés; lisez par conséquent صناعة النجامة. — P. 92, l. 7. Changez ويلحمع en ويندرمع (E.). — L. 12 (وجز). Müller n'a rien noté, mais lisez وحز. — P. 93, l. 15 et avant-dern. E. confirme mes corrections. — P. 95, l. 3 (عليها) l. عليها (E.). — L. 15. E. comme j'ai corrigé. — P. 96, dern. l. (يحاخد) l. يجاحو. — P. 97, l. 9 (لامرت) l. لامرن (E.), c.-à-d. لآمرن, comme chez Ibn-Haiyán (9 ٣.). Pour ياخذوا E. a ياخذ, mais au lieu de منك ياخذ, il faut lire راسك d'après Ibn-Haiyán. — L. antépénult. Le même auteur (21 ٣.) nous met en état de corriger ici deux fautes graves; il faut lire: على تعزرو على العمال الى ان ضربت دولة الجماعة بعطن — P. 98, l. 1. Mettez le signe † avant cet article. — P. 99, l. 4. L. الى غير ما مكان comme chez Ibn-Haiyán (23 ٣.). — N. 1. Voyez Add. et corr., p. 260. — P. 99, l. 1. E. comme j'ai corrigé. — L. 14 et n. 2. نی n'est pas non plus dans E. et il n'est pas nécessaire de l'ajouter; voyez mon *Suppl. aux dict. ar.* — P. 100, l. 2 (تجيبيره) l. تحبيره et voyez le même livre. — L. 8 (خطب) l. خاطب (E.). — L. 9. Ajoutez كن après عزاء (E.). — L. 11 (العزوب) l. العزوف (E.). — L. 16 (فراع) l. قراع comme dans l'*Akhbár* (p. 163). — N. 1. De même dans E., mais l'*Akhbár* confirme ma correction. — Avant-dern. l. (يقبل) l. يقتل (E. et *Akhbár*). — Dern. l. E. et l'*Akhbár* comme j'ai corrigé. — P. 101, l. 1 (بالهول) l. أنهول d'après E. et l'*Akhbár*; ce dernier livre confirme ma correction شكوت. — P. 102,

L. 5 (النائبة) l. النائبة (E.). — L. 19. E. comme j'ai corrigé. — Avant-dern. l. Voyez Add. et corr., p. 260. — P. 103, l. 1 (ويذكر) l. يذكر (E.). — N. 1. La même faute dans E. — L. 9. Le mot وثرج a dans E. un signe pour indiquer qu'il est altéré; il l'est en effet. — L. 15. الفهارسى est aussi dans E., mais il faut corriger الفهارس. — L. antépénult. E. comme j'ai corrigé. — Avant-dern. l. (وكيق) l. وكيف *. — P. 104, l. 15 (يرن) l. يزدّ *. — L. antépénult. (ينشر) prononcez ينشُر. — P. 105, n. 1. La même faute dans E. — L. 6 (تجبيم) l. تجبير (E.). — L. 12. اولاد est dans E. اولاده, mais c'est une faute. — Dern. l. et n. 2. Aussi dans E. avec le o rayé; mais Müller a noté que le copiste a eu en vue عن, comme j'ai donné. — P. 107, l. 5. المكتب est dans E. sur la marge; le texte a الكتاب, c.-à-d. الكُتّاب. — Dern. l. (المناثر) l. المناثر (E.). — P. 108, dern. l. E. comme j'ai corrigé. — P. 109, n. 1. Dans E. il y a un signe qui indique que ce vers est de trop — L. 9. (يسقى) prononcez يَسقِى — L. 13. Pour أعطيت E. a اعطيت; l'un et l'autre sont bons, سما étant du genre commun. — P. 110, l. 17 (قلق) l. قلق (E.). — P. 111, l. 11. Prononcez وَلَقّى (E.), accorder, concéder, donner c. d. a. — L. 13. Lisez تجالى *. — L. 14. Lisez يضيّع (E.). — N. 1. Dans la 3e édit. de mes Recherches, t. I, Append., p. XXX, l. 8 et n. 3. E. comme j'ai corrigé; l. 9 E. جهت وليبيا. — P. 112, l. 6. Müller: «Un peu indistinctement, mais certainement نصف.» — L. 17 l. سكّن (E.). — L. 19 (غرّ) l. قُرّة. — L. antépénult. (ومتند) l. ومُنّيَة. — P. 113, l. 11 (طاعنين) l. طاعنين (E.) — L. 12. E. confirme ma correction. — L. antépénult.

l. جُرًّا (E.). — P. 114, l. 11 (عنى). J'avais déjà corrigé قَمَنْ,
et E. a يمــن sans poiut sur la première lettre. — L. 12 l.
بَلْ مُخَالْ (E.). — N. 1. Texte: ومن خبره انه اقام مسجونا الى ان
مات المنصور وولى ابنه المظفّر عبد الملك حجابة عشام فأطلقه واستحلّه
لابيه ١ وخلع عليه وولّاه الـوزارة وخشَن به فلم تَنكُل حياته وتوفّى غازيا
مع عبد الملك غزاتُه الاولى سنة ٣٩ بمدينة لاردة وقبره بمسجدها
وكان جلدا فى محنته كثير الدعاء والضراعة قد رزق من النـاس رحمة
ولمّا اسلمه برمند ملكه لجلالقة مضطرًّا الى ثقات المنصور ونليف
بـه كـلى (؟) ٢ قدّامَه ينادى هـذا عبد الله بـن عبد العزيز المقارى
لجماعة المسلمين النازع الى عدوّهم المظاهر له عليهم فكان هو يرُدّ عليه
ويقول كذبتَ بـل نـفـسٌ خَافتْ فقرّتْ تبغى الامن من غير شرك ولا
رِدَّة وله يعرض المنصور لمنازله وضياعه اطلقها لبنيه مـدّةَ اعتقاله ٣

P. 114, deru. l. E. comme j'ai corrigé. — P. 115, l. 7.
بعد aussi dans E., mais l. يُعَدْ (Müller). — L. 13. Remarque
sur la marge d'E.: اخذ قول البحترى يرثَّته

ستغنى كما نغنا وتبلى كما نبلى

L. 14 et l. Points coufus dans E., mais Müller remarque très
bien qu'il faut lire الفتى. — L. 18. E. comme j'ai corrigé. —
P. 116, l. 5. غوى semble aussi dans E., mais l. غدا (Müller).
— L. 8 et suiv. Les vers 1, 4, 9, 10, 14, 15, 16, 17, 18,
19, 21, 22, 23, 24 et 26 de ce poème se trouvent aussi chez
Ibn-Bassám, t. I, 149 v., que je désiguerai par le sigle B. en
notant les variautes. — L. 9 l. لتثباه (E.). — L. 10. Voyelles

---

1) Voyez mon *Suppl. aux dict. ar.* sous حَلْ X.

2) C'est dans E. un mot corrigé et que Müller n'a pu lire; كان, comme il propose, ne couvient pas.

dans E.: .وَأَفَى الْوَرَق — .L. 14 l. جاور منه (E.). — L. 17 (اشرق)
B. يعقا. — L. 18 (بيت) B. ظلت ;(تورق) l. تورث (E. et B.). —
L. antépénult. (نمـاد) l. احمـاد (E.). — Avant-dern. l. (شمسـا) B.
والهضب B. (النصب) ;(الارض) B. الـورد ;(الارض) — شـمـس — P. 117, l. 3
(اطبقا) B. طبقا. Je propose de lire:

$$\text{فَكَأَنَّ الارض مِنـه مُطْبَقٌ   وكَأَنَّ الهَضْبَ جانٍ أُطْبِقا}$$

«On dirait que la terre du jardin est une prison souterraine
et que la pluie est un criminel qui y a été enfermé.» — L. 4
(برق) B. ابرقا. — .L. 5 (خلى) B. ظـل. — L. 7 (صـل) B. ظـل, ce
qui vaut peut-être mieux. — L. 8 (اوقد) B. وقد; (لها مصباحه)
B. (sic). — pour: لنا مصباحها B. donne: فَتُنشِى وجـد; فيو جـنـح
L. 9 (غر) E. عدى; Müller corrige avec raison غَدَى et telle est
la leçon de B. — L. 10 (تجذبه) B. لـه تحدو, ce qui vaut bien
mieux; (غر) l. نمرق (E. et B.). — المعشوق B. (الجيوب) —
L. 14 l. الوَصُولِين (E.). — P. 118, l. 12 l. تقارب (E.). — P.
119, avant-dern. l. E. فَلَنَا; Müller propose لَنَلا. — P. 120, l.
19 et suiv. Voyez Add. et corr., p. 260. Outre les variantes
du man. G. d'Ibno-'l-Khatíb, je puis donner à présent aussi
celles du man. du Caire (C.). (قضب) l. تُرَقَّى (نرمى) l. (G. et C.);
G. et C. قلوب (mauvais); (الهند) G. السـرى avec كـثـا; (المعت)
G. et C. المعن (mauvais); (فوق) G. et C. بين; (والسرد) G. et C.
والصرد (mauvais). — L. 20 (وارد) G. et C. واردا (faute); (المعت)
l. كَعْتُ (E.); le كَـلْـتُ de G. et C. est bon aussi. — Avant-
dern. l. Lisez فَتَبْت النـعـى (E., G. et C.); (المعد) G. et C.
عـلى; — Dern. l. Lisez: تَتَجَلَّى عـلى الـدنيا فَتَجَلَّى ظلامَها. الخت — اللخت
est dans G.; dans E. عـن (qui est dans C.) a été changé en
عـلى. — P. 121, l. 1. Voyez p. 260; C. a aussi هدى اسم,

et comme G. il donne غضّة العرب; sous العرب se cache la corruption d'un autre mot; كموشيذ l. (الموشيذة) comme je l'ai dit
p. 260 et comme porte E., mais Müller observe: le د semble
une correction; C. كوشيذ, qui n'est qu'une altération de كموشيذ.
— L. 2. Autrement dans G. et C., mais ce sont des corrup-
tions et des mots ont été omis. — L. 4. E., mais un peu
indistinctement: وغوا ياجنى الافك على مزخرفا. J'ignore comment
il faut corriger ce superlatif, mais le verbe est certainement
وتَـمـوا, qui, dans les man., ressemble fort à وغوا. — P. 122,
l. 7 et n. 1. E. نـيـن, mais ma correction est confirmée par
Ibn-Haiyán (8 r.). — L. 14. E. et Ibn-Haiyán confirment ma
correction قد; بلوغى) فألوغى (aussi dans Ibn-Haiyán) l. (E.);
le dernier mot est indistinct dans E., mais c'est peut-être
فألوغى فى سنّ مُثَّغر comme donne Ibn-Haiyán; lisez donc مثغر
«car le combat avait l'âge d'un enfant qui n'a plus ses dents
de lait;» — expression de mauvais goût et occasionnée par la
rime, mais qui veut dire que le combat était déjà rude. —
Avant-dern. l. Lisez معلمنا comme chez Ibn-Haiyán; de même
dans E., mais indistinctement. — P. 123, l. 14 (ورافقذة) l.
ورافقة; رهق glisser, voyez mon Suppl. aux dict. ar. — L. 15
(تغشى) l. تَغَشَّى. — L. 16 (صلابذ) l. صلابذ. — L. antépénult.
(جُدَيْر) l. حُـدَيْر. — P. 124, l. 4 (امرة) l. اقرّة (E.). — L. 6
(جهور) l. بن جهور (E.). — L. 10 et n. 1. J'ai eu tort d'ajouter la copulative, qui n'est pas non plus dans E. اصحاب الخيل
البخ est le sujet de يجيمد وكان. — L. 11 et n. 2. E. confirme
ma conjecture مراتبهم. — L. 13 (فرجنت) l. فُرِّقَتْ (E.). — L. 17
حدمتى l. حُـدـتى; نجدكا l. نجدكا (E.). — L. 19 et n. 4. E. (نجدك)

(Müller). — P. 125, l. 5. Après نَدَاؤُهَا l. مَنْ نَفْسى (E.) et après الدُّنيا l. عَزِيزَيْن (E.). — L. 7. E. comme j'ai corrigé. — L. 8 (جديم) l. حُدَيْم (E.). — L. 19. Si je comprends bien la note de Müller, E. porte قَطُوب avec un ج sous la première lettre. قَطُوب est sans doute la véritable leçon et on la trouve chez Ibn-Haiyán (26 r.). — Dern. l. (فيهما) mieux فيها comme chez Ibn-Haiyán, puisque l'auteur a écrit quatre fois ها et non pas le duel. — P. 126, n. 1. De même dans E.; Ibn-Haiyán donne simplement: والبداوة الى موسى وموسى مطرق. — L. 2. Mieux chez Ibn-Haiyán: الى ان تأتّى له القول. — L. 6. E. et Ibn-Haiyán confirment ma correction. — L. 7 l. وليس الاما comme chez Ibn-Haiyán; E. a la faute بان عنده يطيب فان. — L. 10. التناد est dans E. الثناء, mais lisez التَّنَاد comme chez Ibn-Haiyán; c'est pour يوم انتَّنَادى, *le jour du jugement dernier*. — L. antépénult. عيب est عيب dans le بدائع البدائه (man. de Copenhague, 52 v.), ce qui vaut mieux. — N. 4. Aussi dans E. — Dern. l. (جديم) l. حدير (E.). — P. 127, l. 4 et n. 1. E. a aussi فطن, mais le *dhamma* semble d'une main plus récente: l. فَطِن. — L. 5. E. correctement شهيد. — P. 129, n. 1. قد manque aussi dans E. — L. 12 (المفوز) l. المغرز. — P. 130, l. 12 et 13. Ces deux vers ne sont pas à leur place; voyez ce que je dirai sur la fin de cette page. — L. 19. J'aurais bien fait d'ajouter les voyelles, مَنَاتِيَّة, adj. rel. de مَنَات, le nom d'une idole, d'où vient le nom de la tribu coraichite عبد منات. — L. 20. Lisez انّما الأنجُم (E.). — Avant-dern. l. (سناؤه) l. سَناؤه. — Dern. l. Les deux vers qui daus mou édition forment les lignes 12 et 13, se trouvent dans E. sur la marge après ma dernière ligne qui se termine par ونلداه; ils vout en montant, mais dans l'ordre inverse: d'abord celui qui commence par يستميـل, ensuite celui qui commence par ان بدا. Ces quatre vers appartiennent donc à la même pièce et il faut transposer mes lignes 12 et 13. L. 13. Substituez روّاه à روّاً (روّاً) = منذ رواه et حيائـه à حيائـه. — P. 131, n. 1. La même faute dans E. — L. 4. اوثـق est أُوثَق (E.). — L. 11 (ضلّ) l. ظلّ. — L. 13 (ئ) l. ئ (E.). — Avant-dern. l. E. comme j'ai corrigé. — Dern. l. et n. 3. Müller n'a pu distinguer si E. a عنّ ou عزّ, mais la première leçon est la bonne. — P. 132, l. 6 (وڭيبيها) l. وحـيـمـها. — L. 7 et n. 1. E. aussi ظوته; je propose طـوته (dans le sens de *cacher*). — L. 8 (يحلو) E. تحـلـوا; l. تجـحـلـو. — P. 133, l. 7 et n. 1. Restituez ويَـسرى, *livrer, remettre, abandonner*; voyez mon *Suppl. aux dict. ar. et ep.* p. 219, l. 7. — P. 134, l. 2 (يرهو) E. نلـت. — N. 1. Cette faute n'est pas dans E. — L. 13. Le premier mot est فَلَئِنْ (E.). — L. 14. (صاعُه =) فى صاعـه l. است bon. — L. antépénult. (تجنيتَ) l. تجـنـيتَ. — P. 135, l. 12 (استبلن) l. أَسْتَـلْـبِنَ. — L. 18 (دخرة) l. نُخْرَة, forme qui est dans le Voc. (*le plus utile trésor*). — P. 136, l. 4, 5 et n. 1. وألـنَصَـق بالبـاطـل الـحَـقّ (aussi dans E.) est bon. — L. 6 (من) l. ومولـده (مولـد) et ensuite عَمْرَك اللّه. — L. 9. نسيـنة est bien dans E., mais Müller corrige avec raison نسـيـه. — L. 11. E. الـقَـلْـو. — P. 137, l. 7 et n. 1. E. comme la copie, avec un petit خ sous le grand, mais la leçon جلَدًاها (pl. de جَـلَع) est la bonne. — L. 8 et n. 2. Restituez le سكُنْها du man. — L. 13, فحيد bon dans E.; mais prononcez ولا تَلْعَبْ بَشاشَتَهُ. — P. 139, l. 8 (انهتت) l. نهتت (E.). — N. 1. Mêmes fautes dans E. — L. 18. Il n'y a pas de lacune ici, mais il faut substituer فيه (E.) à في. — P. 140, l. 10. E. comme j'ai corrigé. — L. 14. E. نرى (sic); l. نرى. — L. 17 (والمغاطس) l. والمعاطس (leurs têtes et leurs nez; c'est de mauvais goût, mais le poète avait besoin d'une rime). — Dern. l. Müller a noté: «يحتملئ est bon.» Dans ce cas il faut substituer له à لم (dont Müller ne dit rien) et supposer que le poète ait employé احتمل à peu près dans le sens de استطاع qui suit. — P. 141, l. 1 l. *. — L. 6 (والمخالفة) l. تطيب بهم ساحات مَكّة (E.). — P. 142, l. 8 (ةإلاة) l. ةدالة (E.). — L. 14 (اخيه) l. ابن اخيه. — L. 15 (اقرابه) l. اقربه (E.). — P. 143, l. 1. Lisez يَلْبلا (c'est le nom d'une montagne) et biffez la note 1. — L. 7. Lisez بمدرا l. (يدرا). — L. 8 (اوجيبها) l. لرحيبها. — L. 11 أشربتَ *. — L. 12. Le troisième mot de ce vers est altéré; dans E. il semble écrit d'une manière illisible. — P. 144, l. 3 (الجسل) l. المَنجل (de Goeje); (وطلعا) l. وطلأها (Fleischer). — L. 6 (يدا) l. الذى (E.). — L. 17. Le mot رامِشْنَهْ, que j'ai oublié de donner dans mon *Suppl. aux dict. ar.*, est, comme me l'apprend M. de Goeje, d'origine persane. Il manque dans les dictionnaires de cette langue, mais il est composé de رامِش, *joie, gaîté*; et du suffixe نه, qui sert quelquefois à former des adjectifs (voir Vullers, *Gramm. ling. Pers.*, 2e édit., p. 243). Il signifie donc proprement *gai, joyeux*, et désigne *la fleur du myrte*, qui, comme on sait, est très belle et réjouit la vue. M. de Goeje en connaît deux autres exemples, qu'il a trouvés dans l'*Agâni*,

t. XV, p. 141, l. 6 a f., où l'on adresse la parole à une j une
fille en disant يا رامشنة الآس, et t. XVII, l. 5 a f. et suiv.,
où il est dit à propos d'une autre jeune fille qui s'appelait
رامشنة, qu'elle est plus belle que رامشنة الآس. — N. 3. Dans
E. les vers 2 et 3 sont dans le même ordre que dans le *Bayán*;
mais on trouve ح avant le 2ᵉ et ى avant le 3ᵉ, ce qui signifie qu'ils doivent être transposés. — P. 145, l. 3 (تثنة) l. تثنة
(E.); (تجرى) l. يجرى (E.); (الندى) l. العرى (E.). — N. l. E.
a يسل comme dans le *Bayán*. — N. 2. Dans le 1ᵉʳ vers E,
واحتكلها; le dernier mot du dernier vers est dans E. وانتداها.
— N. 3. La même faute dans E. — P. 146, n. 2. Dans le
dernier vers E. a حل, au lieu de ارض. — N. 3 (p. ۳۸۷) l.
p. ۳۸۸. — P. 147, n. 2 (ونغيمة) l. ونقيمة (E.). — L. 14. E.
comme j'ai corrigé. — P. 148, l. 9 (الرواية) l. الراوية (E.) comme
p. 151, l. 13. — N. l. Dans E. la faute est يخيس. — L. 13
(مجانب) l. اجيب (E.). — P. 149, n. l. Même faute dans E.,
mais elle a été corrigée. — L. antépénult. Lisez اساينه. —
Dern. l. (ى) l. عن*. — P. 150, l. 7 et n. l. باسرها est bien
dans E., mais un peu indistinctement. — L. 18 (عين) l. غَيَر.
— L. 19. E. a les voyelles شَنَجَه. — Avant-dern. l. (۳۷۸) l.
۳۷۷ (E.). — P. 151, l. 12 (والمزام) l. واكرام (E.). — L. 16 et
n. l. Restituez فكنت (aussi dans E.). — N. 2. E. اللبيرى. —
P. 152, n. 2. Manque aussi dans E. — P. 153, l. 3. E.
comme j'ai corrigé. — L. 13. Variantes importantes dans al-
Makkarí, I, p. 260, l. 10 et n. *g*. — L. 14 (العدر) l. السعار
comme chez al-Makkarí. — N. 3. aussi dans E. — L. 16.
Lisez فصصنا (al-Makk.) et ختام ذاك السوار (le même et E.). —
l. 17. E. بالبدر او الدرارى, mais la véritable leçon, ثم بالبدر

السماري, se trouve dans le 4ᵉ livre d'al-Makkarí (I, p. 261, n. *a*). — P. 154, l. 9 (يوم) l. يَوْمُ (E.). — N. 1. Aussi dans E. — P. 155, n. 1. E. aussi الجَبَّلْ. — L. 12 (موثق) l. (E.); (ارق) l. ارق (E.). — Avant-dern. l. E. comme dans les notes 3 et 4. Il faut rétablir استسقى et prononcer:

حين لا يهدى انا ما أستستشقى العارض تبلا

Ô vous qui donnez une pluie abondante «alors que le gros nuage dont on en attendait, ne donne pas même une petite pluie.» — Dern. l. (سيبا) l. سيبا (E.). — P. 156, l. 2. لا manque aussi dans E. et il confirme ma correction du dernier mot du vers. — N. 3. E. comme j'ai corrigé. — L. 13 (شعرى) l. شعر, car la troisième syllabe doit être longue. — L. 15. Lisez:

فله ما قلت اعلا   ثم رحبا ثم سهلا (E.). —

L. antépénult. E. comme j'ai corrigé. — Dern. l. Le premier mot dans E. comme j'ai donné; il a aussi بالعكارى et quoique je n'aie pas rencontré ailleurs ce nom relatif, il doit être le nom de la personne dont il a été question p. 155, l. 5 a f., du متولى ذلك. Il est vrai qu'il n'est pas décliné, mais même des poëtes anciens se permettent cette licence; voyez de Sacy, *Gramm. ar.* II, p. 494, surtout n. 2. Le mot بدلا doit être changé en بَذْلا. — P. 157, l. 1 et n. 1 et 2. De même dans E.; lisez donc:

فابسطن عذرى وان لم   أك للاعتذار اهلا —

L. 2 (ياخى) l. بأخى. — L. 4. Lisez ووصلنا (E., où le ه est très petit). — L. 9 (بالبيت) l. بالبيت (E). — Avant-dern. l. E. comme j'ai corrigé. — P. 158, l. 1 et n. 1. E. الدجن. L'expression عقاب الدَّجن, «l'aigle des nuages,» est bonne et se trouve aussi, comme me le fait remarquer M. de Goeje, dans le *Kámil* d'al-Mobarrad, p. 243, l. 9. — L. 3 et n. 2. Un peu indistinctement dans E., mais peut se lire مكبر, qu'il faut prononcer مُكَبَّر. — N. 3. Aussi dans E. — L. 16. Le copiste de E. avait écrit d'abord لي, ce qu'il a changé en الى; lisez موت ابى علي. — P. 159, l. 2. Lisez واعتناى (E.). — L. 6 et n. 1. Ces deux mots ne manquent pas dans E. — P. 161, l. 10 (اخـبـارة) l. اجـازة (E.). — L. antépénult. et n. 2. Manque aussi dans E. et ne doit pas être ajouté, quoiqu'il se trouve également chez Abdo-'l-wáhid; voyez Ibno-'l-Abbár dans mes *Loci de Abbad.*, t. II, p. 123, l. 2 et 3. — P. 162, dern. l. et n. 3. Voyez Add. et corr., p. 260; E. اقروف. — P. 163, l. 7. Substituez فرض (E.) à حقّ. — N. 2. Indistinctement dans E. — N. 3. Aussi dans E. — P. 164, l. 1. أبَل est écrit indistinctement dans E.; on pourrait le lire aussi أقَـل, et cette leçon est la véritable, car ce sont les deux particules interrogatives أ et قَل réunies; voyez Wright, *Arab. Grammar*, t. II, p. 332, Rem. a. — L. 3 (ترضى) l. نرضى (E.). — L. 7. Dans E. il y a une lacune entre الاخيرة et القاهرة. — L. 9. E. comme j'ai corrigé. — L. 16. E. correctement او اثنتـين, mais après ce mot j'ai omis par mégarde وعشرين. — P. 165, l. 4 (ويستنفر) l. ويستنفرُ comme chez Ibn-Haiyán (dans Ibn-Bassám, t. I, 10 r.). Ma correction كرّة est confirmée par E. — L. 5 (تقتبس) l. تقبّس comme chez Ibn-Haiyán. — L. 10 et n. 2. Un peu indistinctement dans E., mais le copiste a voulu écrire ابنـتـها et c'est ainsi qu'il faut lire. Chez Ibn-Bassám (t. I, 11 r.) بنتها من سليمان. — L. 12 (جيز) Ibn-Bassám تجبير; lisez تجيز. —

L. 13. Peut-être mieux تَمْنَع. — L. 15. Ibn-Bassám ne donne pas ce vers. — L. 17. Lisez غريبة (E. et Ibn-Bassám). — Avant-dern. l. Ibn-Bassám: يضرف عند ان تكون لها فطرا. — P. 166, l. 2. يُثْبَت aussi dans E., mais mieux يَأْثُمَ. — L. 9. E. comme j'ai corrigé. — L. 10 (اغلبا) l. عدّا (Ibn-Bassám). — L. 12 (الاسم) Ibn-Bassám الها. — L. 13 (خابط) l. حابط. — * L. 14. Voyelles dans E.: الشّعْر شعْرى; le dernier mot est انعرامه (E. et Ibn-Bassám). — L. 15 (ومنغل) l. ومنقل; Ibn-Bassám: ومنعقد قلبى حبل غرامه, mais ce sont des fautes. — P. 167, n. 1. *Abbad.*, t. II, p. 123, l. 5. E. comme j'ai corrigé. — L. 3. Substituez أُدْيَانِها à الديانيا. Le proverbe تَقَبّثت عَيْثُ لأدْيَانِها se trouve chez al-Maidání, t. I, p. 502, n° 17, et on lit chez Ibn-Khaldoun, *Hist. des Berbères*, t. II, p. 264, l. 10: عادت عيف الى اديانها, où de Slane traduit: «ils se rejetèrent dans leurs anciens égarements.» — L. 11. Ecrivez:

— فقُلْت لا مُوّمِنا بقُرْىَ بَل مُعرّضا للكلام لا اكثر

Dern. l. Lisez لا امانتى (E.). — P. 168, l. 7 (فكنبها) l. فكأتْها (E.); (زيبروها) l. زثيرها. — P. 169, n. 1. Indistinctement dans E., عسا ou رسم. — L. 15. Au-dessus de ce وتشييد, qui ne peut pas être bon, il y a un signe dans E. — L. 18. C'est تُرْكِينَا*. — N. 2. La même faute dans E. — L. 20. اسلافها aussi dans E., mais Müller corrige avec raison اسلابها. — L. antépénult. (روال) l. دار أرّ (E.). — P. 170, l. 4. Lisez تَغِر (E.) (de وَقَرَ). — N. 2 et 3. E. a les mêmes fautes. — P. 171, l. 1. J'ai négligé de dire que j'ai pris المتغلبين dans Abdo-'l-wáhid; dans le man. il n'en reste que le commencement (ال) et la fin (ين) avec un blanc au milieu; امنا واط y manque aussi. — L.

8. Lisez لِعَفو (E.). — L. 12 et n. 2. Lisez وَأَنتَ أَمْ بل حينئذٍ

كان et cp. p. 136, l. 7, et p. 151, l. 1. — L. 17, L'auteur

a sans doute voulu dire qu'al-Mançor fit disparaître l'odeur du

vin qu'il avait bu, et كسر (aussi dans E.) semble avoir ici le

sens de صرف, qu'indique le *Mohît*. — L. 18 et n. 3. J'ai eu

tort d'ajouter ce بين; prononcez فَقُتِلَ جَعفَرُ عَلَى أَثَرِ ذَلِكَ.

L. 20 (وسَرَّ) l. وسَكَر (E.). — P. 172, l. 1—4. Ibno-'l-Abbâr

cite ces vers d'après al-Homaidí; cependant on ne les trouve

pas dans le man. d'Oxford de ce dernier auteur, où ils ne sont

pas dans l'article sur Djahwar ibn-Mohammed, et où il n'y a

pas d'article sur Mohammed ibn-Djahwar. Je ne suis donc pas

en état de combler les deux lacunes; mais le dernier mot du

2e vers est probablement أوجَلي, pl. de وجع. — N. 2. *Abbad.*

t. II, p. 47 et suiv. (cp. t. III, p. 196 et suiv.). *Abbad.*, t.

I, p. 220, l. 14 (طاعِنَة) E. طالِعَة comme la copie, ce qui est

bon; cp. mon *Suppl. aux dict. ar.* sous طالِع. — *Abbad.*, t. II,

p. 47, n. d. E. aussi قُبِّنَك, mais la véritable leçon est يَقَمْذ

comme chez Ibn-Dihyah, 11 v. Chez cet auteur et dans E. la

rime de ces deux vers est en بَكَ, ce qui est bon, puisque dans

le premier genre de ce mètre, le dernier pied du deuxième

hémistiche peut être converti de فَعِلاتُن en فَعْلاتُن. — *Abbad.*,

t. I, p. 220, l. 5 a f. et n. e. Ajoutez l'article comme chez

Ibno-'l-Abbâr. — L. antépénult. (خَدَمَه) E. خَدَمَه, lisez

خَدَمَهُ. — P. 221, n. e E. pas خ, mais حـ. — L. 7. Bon

نَشِب dans E. — L. 8 (بنو أبي بكم) E. ولد أبي بكر et omet

ابن عباد. — L. 12 (بأصبح). Le compar. de يصبح ne serait

pas approprié à صنائع. عزم بُنَم est une excellente correction de Mül-

ler, car on dit جَمَّمَ المَعْزِمَ. — Abbad., t. II, p. 47, avant-
dern. l. E. comme j'ai corrigé t. III, p. 106. — N. h. Un
peu indistinctement dans E., mais le copiste a voulu donner
رُنبر. — P. 48, l. 1 (زاجم) l. زاخمر (E.) (faute d'impression,
comme ma traduction le montre). — Abbad., t. I, p. 225, n. c.
حبذا bon dans E. — 5 a f. et 3 a f. (فرق) l. فرق*. — L. 3
a f. Dans E. sur la marge: الثيان اليامين البر وهو نبت يشبه
النسرين, mais l. البر; E. bon يغتذي. — L. 2 a f. J'ai
dit (t. III, p. 81) que وحفّت est la bonne leçon; le copiste
de E. semble avoir écrit indistinctement وحفت, mais il a mis
un petit ح sous la deuxième lettre. — Abbad., t. I, p. 24,
avant-dern. l. Dans E.:

— يا حسن منظر ذا النيلوفر الارج   وحسن مخبره في الغوج والارج

Abbad., t. II, p. 48, l. 10 (سمى) l. تسمّى (E.) comme t. I,
p. 241. — Abbad., t. I, p. 211 avant-dern. l. et n. c. E. لا,
mais voyez t. III, p. 112. — P. 212, l. 7. E. bon ووسدرك;
cp. t. III, p. 113. — L. 9 et n. m. E. ورأق. — N. n. E.
لها بحتنظروا. — L. 11. E. الاجهاز comme j'ai corrigé t. III, p.
94, et ensuite انفغقت, l. انثغقت ainsi que je l'ai remarqué t.
III, p. 95. — L. 4 a f. E. والاخفار comme j'ai corrigé t. III,
p. 95. — N. a. E. شنيعة. — N. b. E. ينساع. — N. g et k.
Aussi dans E. — P. 243, n. a. Aussi dans E. — N. c. E.
وينقلد. — N. c. في صلاية ne manque pas dans E. — L. 5 a f.
E. جرّن. — L. 4 a f. E. لايرام. — N. d. E. واخفن (mauvais). —
Dern. l. (سى) E. aussi شان; cp. t. III, p. 96. — P. 244, n.
a. E. بيل. — P. 245, n. c. E. comme dans le texte. — L. 4.
Müller a noté نتريجتها d'après E., ce qui sera un lapsus calami

pour نخشَى; je me suis déclaré pour cette leçon t. III, p. 96,
mais pour يخشَى dans mon *Suppl. aux dict. ar.* (sous خشي). —
N. *g.* Pas omis dans E. — N. *i.* E. aussi واكتنبها. — N. *l* et
p. E. comme dans le texte. — *Abbad.*, t. II, p. 48, l. 3 a f.
(حانظا) doit être حافظ (E.); ce génitif dépend de غَيْر, qui est
remplacé par لا; voyez Wright, *Arab. Gramm.*, t. II, p. 326
et suiv. — N. *d.* E. comme j'ai corrigé. — P. 49, n. *a.* Aussi
dans E. — P. 50, l. 4. مغر est mauvais. E. a, d'après Müller,
un mot qui ressemble à مِغْز, et qui, ajoute-t-il, semble être
مَغْنَى. M. Fleischer veut lire (الرياسة المغربة = مغرى الرياضة) مُغرى.
— N. *a.* Aussi dans E. — Dern. l. (ولاك) et n. *b.* ولا aussi dans
E.; c'est ولن. — P. 51, l. 6. Je rétracte en passant ce que
j'ai dit t. III, p. 197, l. 1—4. Le vers signifie: «Ce qui
m'afflige, c'est que, lorsque je cherche du repos en buvant du
vin, mon noble caractère m'en empêche.» عِلَّة, dans les vers
2 et 4 de cette pièce n'est pas *maladie*, mais *cause, raison,
accident, événement.* — Dern. l. et n. *b.* مِن est aussi dans E.
et selon la remarque de M. Fleischer, qui renvoie au *Mofaṣṣal*,
p. 146, l. 16 et suiv., ce مِن, qui donne plus de force à la
négation, est bon. Le même savant prend كَأْس dans le sens
que Lane donne en premier lieu; ici *faucher en masse*, les lan-
ces ayant été comparées à des fleurs dans le vers qui précède.
— P. 52, l. 3. E. comme j'ai corrigé. — L. 6 (عزم). E. confirme ma correction (t. III, p. 197) عدم; mais ذو طلب ع le
sens que j'ai donné dans la n. 14, pas celui que je lui ai
attribué t. III — P. 53, l. 2 (سحرى) l. سحرك (E.). — L. 8
(مشئرا) l. مُشَمَّر; j'ai corrigé أقضى t. III, mais جلب a ici le
sens d'*obstacle*. — L. 13 E. لغا comme j'ai corrigé t. III. —

Avant-dern. l. (وحراب) l. *وخراب*. — P. 54, n. *b*. E. comme dans le texte. — P. 57, l. 3. Le dernier mot du premier hémistiche, écrit indistinctement dans E., est incontestablement مُزْلَفَةِ, comme Müller remarque avec raison. Corrigez donc ma note 19. — L. 5 et n. *a*. E. وَنَاجِيمِرُ (*sic*); c'est bien dans le sens ordinaire de ce verbe. — P. 58, l. 2 (يُبْدَلِي) l. يَبْدَلِي; dans E. يَبْدِلِي. — L. 4. Lisez وَأَعْلَمْتُهَا (E.). — Les deux dern. l. E. confirme ma correction (t. III, p. 198) نُرَادِّي et ma lecture du dernier vers (*ibid.*); pour مَأْمُونَةِ العِيدِ Müller a noté: «un peu indistinctement, mais certain.» — P. 60, n. *c* et *d*. E. comme dans le texte. — *Abbad.*, t. I, p. 245, l. 3 a f. La bonne leçon عَتِبَ (cp. t. III, p. 96) aussi dans E. — *Abbad.*, t. II, p. 60, n. *g*. E. même faute. — L. 5. E. confirme ma correction تَقَتَّكَتْ. — *Abbad.*, t. I, p. 247, n. *f* et *g*. E. comme dans le texte. — *Abbad.*, t. II, p. 61, l. 1 et n. *a* et *b*. E. a les deux mots que j'ai ajoutés. — L. 2. Pour justifier ma correction (t. III) مُدَّ, je citerai *Notices*, p. 175, l. 10; mais أُمِرَ pourrait aussi se défendre, p. e. en comparant mes *Recherches*, 3e édit., t. I, p. LVIII, l. 10, mes *Notices*, p. 182, l. 1. — L. 7 et n. *c*. فَأَسْتَحْسَنُفِرُوا (aussi dans E.) est bon; Ibn-Haiyán dit ailleurs (36 v.): فَأَخَذَ مَنْ الَى عَلَى الثِّقَالِ. — L. 8 (تَحْسِبُ) E. انْحَسِبُ, ce qui est bon; le *Mohit* a sous VII: حسب المُذَّةِ عَلَى انْحَسَبَتْ يَقُولُونَ والأَدْبَاءَ عِنْدَ العَامَّةِ الفِتْنَةِ الَّتِي يَسِيلُ: حَتْبَة, et sous حَتَبَ: الَعَتُو الَى انْحَدَرَتْ الَيْهِ عَلَيْهِ فَتْقِ (E.); فَتَقَى l. (الفَتَى) L. 9 — .مِنْبَا الأَنْفِ وَيُهِيجُ السُّعَلَ *il ne pourrait pas dormir*; voyez Lane. — L. 12 et n. *f*. et l. 13 et n. *g*. E. comme j'ai corrigé. — N. *h* et *i*. Aussi dans E. — P. 62, l. 13 (نقر) l. نَفِى (E.). — Dern. l. et n. *d*. E.

aussi تَسْتَجِيبُوا, et j'ai déjà dit dans mon *Suppl. aux dict. ar.*
(sous سبى V) qu'il faut lire ainsi. — P. 63, l. 5. Je rétracte
ce que j'ai dit t. III, p. 198—9, et je prononce خُلِّع («après
qu'il eut été séparé de»). Le man. d'Ibn-Dihya (fol. 12 r.),
qui a la même phrase, donne aussi ces voyelles. — L. 6 (تعرف)
E. تتعرف; lisez donc تَتَعَرَّف. — وإنما. — L. 7 (ويبتشم) E. confirme
ma correction (t. III) ويبتثر. — N. a. E. même faute. — *Abbad.*,
t. I, p. 53, l. 8 (بى) E. بكى. — L. 9 (ترض) E. ترضى (faute);
(فأحبر) E. واحبر (mieux). — *Abbad.*, t. II, p. 64, vs. 7 (يرفع)
l. يدفع (E.). — Vs. 8 (خلد) l. جلد (faute d'impression comme
le montre ma traduction). — Vs. 18 (وسْتُ) E mieux وسِبت
et ensuite ذما comme j'ai corrigé t. III. — *Abbad.*, t. I, p.
54, l. 7. E. وتَعْرِف et تُميّز الغَيْظ. — *Abbad.*, t. II, p. 64,
vs. 23 (بسند) E. نبسِك; ma conjecture t. III n'était donc pas
bonne. — N. f. E. dans le texte ولا تمرّس فى غنيم, et sur la
marge, avec خ, ولا سبا جلدى. — *Abbad.*, t. I, p 394, l. 7.
Lisez روضنة. — *Abbad.*, t. II, p. 66, l. 1 et n. a. ان est dans
E. — L. 5 et n. b. De même dans E. et il ne manque rien
ici, car لا a le sens de عنـد (cp. Lane et mon *Suppl. aux
dict. ar.*); «la tente auprès de laquelle il se trouvait.» — P.
67, l. 7 (رسل) l. ارسـل *. — L. 13 (زلل) l. زادى * -- L. 14
(صدرى) l. صدرك (E.). — *Abbad.*, t. I, p. 297, n. f. E. comme
dans le texte. — P. 298, n. a et p. 299, n. e, f. Même remarque. — *Abbad.*, t. II, p. 67, n. e. Lisez وله ويغتنى فيـه
(E.). — *Abbad.*, t. I, p. 298, n. q. E. كيبا تقارعه. — *Abbad*,
t. II, p. 68, n. a. Dans E. le 5e vers se trouve sur la marge.

— L. 3. Pour خرام E. a الرام, et si cette leçon est la bonne, ma note 1, III doit être supprimée. — L. 6 et n. b. Le mot qui manque est فيه (E.). — L. 7 (ابنيه) l. ابنيه (E.). — *Abbad.*, t. I, p. 48, avant-dern. l. E. وقبلكما et تتجدّد (= تَتَجَدَّدُ); c'est bien mieux et il faut lire:

وَقَبْلَكمَا مَا أَوْدَعَ القَلْبَ خَسْرَةً تَجَدَّدُ طُولِ الدهرِ تَكلْ الى عمرو

«Ce qui avant vous (avant votre mort) a déposé dans mon cœur un soupir qui se renouvellera éternellement, c'est la perte d'Abou-Amr.» — *Abbad.*, t. I, p. 308, l. 1 (حين) E. لمّا. — *Abbad.*, t. I, p. 304, n. c. E. plutôt يستتقيها sans points sur le z. — L. 6. Prononcez أَنْتَلِبُ et المشرفِ. — *Abbad.*, t. I, p. 430. E. n'a pas, avant كبيل, ni la faute يساق, a correctement متابع. — *Abbad.*, t. II, p. 72, n. a. E. وتصاحبِ أدب. — L. 5. Lisez وتنعقد (E.). — N. b. Cette faute n'est pas dans E. — P. 73, n. a. E. comme j'ai corrigé. — P. 74, l. 3. Après ce vers E. a encore celui-ci:

ذاك حظى من الزمان فان جا دَ به لى بلغتُ كُلَّ اقتراحى

(الناس) L. 7 (E.). — L. 9 مجلل l. عجل (E.) et يُقَاحِم l. (يقاحم) (E.). — l. البلس (E.). — N. a. Dans E. la dernière lettre est bien un *noun*, mais sans point. — Dern. l. E. نَزَعَك comme j'ai corrigé t. III. — P. 75, n. a. Aussi dans E. — L. 4 et n. b. E. confirme ma correction. — *Abbad.*, t. I, p. 172, n. c. E. correctement الجسد. — *Abbad.*, t. I, p. 173, n. b. E. comme dans le texte. — *Abbad.*, t. II, p. 77, n. b. Dans E. ces deux vers sont dans le même ordre, mais le copiste a indiqué par les signes ج et ى qu'ils doivent être transposés. — Dern. l. (نقد) E. الثن. — P. 78, dern. l. E. تنحلوا comme j'ai corrigé t. III. — P. 81, l. 5. Je n'ose plus contredire un philologue

tel qu'Ibno-'l-Abbár et je prononce للمبحتنسب, mot que je
prends dans le sens qu'il indique l. 7. — L. 6 et n. b. E.
وذى comme j'ai corrigé t. III. — P. 82, l. 9. E. قوم المجلد
et il faut lire قوم أمجيد; c'est le pl. de مجيد; voyez mon
Suppl. aux dict. ar. — L. 14 et n. a. Conservez رائد (aussi
dans E.) et ne changez pas محير, comme je l'ai fait t. III.
رائد الشوم est cherchant malheur. — P. 83, l. 7. E. ابر, mais
lisez comme j'ai corrigé. J'ai eu tort de dire t. III que ce vers
est altéré. — N. b. E. comme j'ai corrigé. — Recherches,
3e édit., t. I, p. XLIX, n. 3, p. L, n. 1, 2 et 5. E. confirme toutes ces corrections — Notices, p. 172, l. 14 et n. 4.
Mon مرتقا est inadmissible. Dans E. c'est مروقا, avec un point
au-dessus et un autre au-dessous du ر; Müller demande si c'est
قا من; dans ce cas, قنا من, est l'équivalent de من خلف.
Pour قا = خلف, M. de Goeje me fournit ces citations: Yácout, III, p. 473, l. 21, et p. 474, l. 15, Mobarrad, p. 104,
l. 13, Díwán des Hodhailites, 1er poème, vs. 11, at-Tabarí,
III, p. 822, l. 9. — P. 173, l. 3 et n. 2. Texte:

لما غدا القلب معجوبا بأنوره   وفض كل ختام من عزائمه
ركبت ظهر جوادى كى اسلّيه   وقلت للسيف كن لى من تندمه ۞

L. 7. Ce qui est ici ستر est indistinct dans E., mais le sens
montre que c'est نشر comme Müller a lu. — Dern. l. (سيبه)
l. تنبيه*. — Abbad., t. I, p. 51, l. 3. Ibno-'l-Abbár فى تمرس.
— Abbad., t. II, p. 85, n. a et b. E. comme j'ai corrigé. —
Notices, p. 174, l. 2 et n. 1. Recherches, 3e édit., I, p. L,
l. 15—LI, l. 3. — L. 5 (نسج) ورث chez Ibn-Bassám, t. I,
193 v., où l'on trouve cette pièce ainsi que la suivante. —

(ابن ابغي) chez le même اجلد, احجلدي, et أجلك (اجمل) L. 6

دونـي ما البقى — .L. 7. Il a aussi بيمنع dans le texte, mais

sur la marge. — *Recherches*, 3e édit., t. I, p. LVII, l. 11

(اجبار) l. فراجعه (E). — *Notices*, p. 176, l. 2 (احليمنه) chez

Ibn-Bassám (t. I, 194 r.), qui dit qu'Ibno-'l-labbánah a adressé

ces vers à Raffo-'d-daulah, بحليمتد, et chez al-Makkarí, (t. II,

p. 251) بحيانه. — L. 3 et n. 1. Le mot qui manque n'est pas

كنت, mais الـيوم, comme on trouve chez les deux auteurs que

je viens de nommer. — L. 5 (يفديك) Ibn-Bassám المقيـك. —

L. 8 et n. 2. *Recherches*, 3e édit., I, p. LVIII, l. 1—4. —

N. 3. C'est أخني; bon dans E. — L. antépénult. Lisez ويقومى

(E). — Avant-dern. l. Lisez اختيالا (E). — N. 4. Le copiste

de E. a voulu donner نبلا. — P. 177, l. 1 et n. 1. عتب est

aussi dans Ibn-Bassám (I, 194 r.). — L. 2. Dans E. la pre-

mière lettre du premier mot semble avoir eu deux points (ڌ)

qui ont été biffés. Lisez يحكم avec Ibn-Bassám. — Après l. 4

ajoutez ce vers qui est dans E.:

— .ان كن ذاك للذنب ما شعرت به　فاكرم الناس من يعفو اذا قدرا

L. 6. Lisez تذرأـنـى. — l. 9 et n. 2. E. comme j'ai corrigé;

Ibn-Bassám (I, 194 r.) متى. — N. 3. E. محلم (sic). — P. 178,

l. 1 et n. 1. *Recherches*, 3e édit., I, p. LVIII, l. 5—13. —

Après l. 4 E. n. de plus ce vers:

— .واحلل غرا نومك عن مقلة　تمقل احداق مرائنا نحاج

N. 2. E. aussi له. — P. 179, n. 1. Texte:

المتوكل بن المظفر بن المنصور ابو محمد عمر

ابن محمد بن عبد الله بن محمد بن مسلمة

النجيبى ابن الافطس ✿

قل ابن حَيّان كان عبد الله بن مسلمة رجلا من مكناسة وكان
سابور العامري احد صبيان وثّاق الخدام فتى للحكم يعني المستنصر
بالله قد انتزى بيطليوس وثغر المغرب لتحجبه عبد الله وطاعره ورمى
ابيه بامره فلمّ اجاله وتزيّه في الغلبة عليه حتى صار كالمستبدّ به
فلما هلك سابور ورث سلطانه بعده فاستولى على الامور وتلقّب بالمنصور
ثم انتهى الامر لابنه محمد وتلقّب بالمظفر ولابن حيان ايضا قول ابسط
من هذا في اوّليّة بني الافطس يأتي ذكره ان شاء الله تعالى قل ومن
المنادر الغريبة انتماؤا الى تجيب وبهذه النسبة مدحته الشعراء الى
اخر وقته منهم ابن شرف القيرواني حيث يقول

يا ملكا أَمْنَسْتُ تجيب به   تحسد قحطانُ عليها نزار
لولاك لم تشرف مكّ بها   جسل ابو نزّ لجلّتْ عفار

وكانت وفة المظفر سنة ٤١٠ فولى بعده ابنه يحيى بطليوس وتسمّى
بالمنصور وكان اخوه عمر المتولّ بيابرة وما اليها من الشغور الغربي ثم
استوسق له الامر عرب اخيه يحيى بعد منافسة طويلة بينهما كادت
تفسد حالهما واحتلّ حاضرة بطليوس وجعل ابنه العباس بن عمر
بيابرة وحاز اليه امر طليطلة وقتا وجلّ شانه ولما عظم عيث الطاغية
انفونش بن فردلند وتطاول الى الثغور ولم يقنع بضرائب المال انتدب
للتطوّف على اولئك الروّسه القاضى ابو الوليد الباجى يندبهم الى لمّ
الشّعب ومدافعة العدوّ ويعاتب عليهم واحدا واحدا وكلّهم يصغى الى
وعظه وارشنف خلال ذلك الى سبتة امير المغرب حينئذ ابو يعقوب
يوسف بن تشفين اللنتولى حسبة ورغبة فى الجهاد وقد دانت له بلاد
العدوة وسأل من سكوت يس محمد صاحب سبتة ان يبيح له فرَض
الاجازة الى الاندلس الذي وتمنّع من ذلك ذفتى الفقهاء بقتاله لعنّه
عن سبيل الله فقتل هو وابنه فى خبر طويل وفتح الله على ابن تشفين

سبتة وامكنه للحصول على مراد بذلك وعلم المعتمد محمد بن عباد
تتميمه على نيّته فخاطب جارّيه صاحبّ بطليوس وصاحبّ غرناطة فى
تحريك قضييهما الى حضرته للاجتماع بقاضى الجماعة بقرطبة فوصل من
بطليوس قاضيها ابـو اسحق بن مقـانا ومن غرناطة قاضيها ابو جعفر
التغليبى واجتمعا فى اشبيلية بالقاضى الى بكر بـن ادم وانضاف انيهم
الوزير ابو بكر محمد بن الى الوليد احمد بـن عبد الله بـن زيدون
وتوجّهـوا جميعا الى ابـن تاشفين عـلى شروط لا يتعدّى[1] الى غيرها
ووصلوا الى الجزيرة للخضراء وعليها يزيد بن المعتمد الملقّب بالراضى ثم
اجازوا البحر منها واجتمعوا بابـن تاشفين مرة بعد مـرة وتفاوضوا فى
مكـان تنـزله العسـاكر فأشار ابـن زيدون بجبل طـارق ومثّل للجزيرة
للخضراء فلـم يُوجـد سبيلا اليها بما قوبل بشكر ولا لـوم وأُضمـر عـو
واخحابه دون عـلم بالمـراد ومشاورة الفقهاء من ابـن تاشفين تستتب''
وتتواثم لا تغب'' فلم يَرُعْ الّا الشروع فى الاجازة ولم يُشْعَرْ الا وللجزيرة
للخضراء فى مثّـل حلقة للحصار من لجيوش الكثيفة وفّتحت لـهم ابوابها
وأُخرِجت اليهم مرائقبا لتطيير الراضى حمانا الى ابيه بذلك فرائقد بتركبا
والارتحـل عنها الى رُنْـدة ففعل وانّمرت الاجازة ثم تحركت العساكر
الى اشبيلية ورثمّ ابـن تاشفين ونـزل بظائرها وبلغد عـلى اثـر ذلـك
موتّ ابنه الى بـكر فحيّره حتى لمْح[2] بلانصراف عـمن وجهه ثم أثـر

---

1) Le man. porte تتعدى.

2) لمح est dans le man. de Paris. Müller note que E. a لمّم (verbe qui n'existe
pas) et il demande s'il faut lire قمّ. Ce serait bon pour le sens, mais il n'est pas
vraisemblable qu'un verbe aussi fréquent ait été corrompu. Dans E., comme dans
d'autres man. magribins, le م et le ج à la fin des mots se ressemblent à un tel
point qu'il est difficile de les distinguer l'un de l'autre, et dans cette circonstance

لجهاد وانفذ مزيتى الى مراكش وبعد قراره بظاهر اشبيلية لحق بصاحب
غرناطة فى نحو ثلاث مائة فارس واخوه تميم بن مالقة فى نحو مائتين
فنزلا على ضفة النهر الاعظم ثم لحق لصاحب المرية علة بن الحيل
مجبة وليد وتقدم ابن تشفين مستعجلا فى حركته الى بطليوس وابن
عباد وراءه لخرج البعث المتوكل واوسعهم برا وتضييفا وتلومت العساكر
بظاهرها فى المضارب ايما الى ان قسمهم ادفونش وتلاقوا بالزلاقة على
مقربة من بطليوس يوم الجمعة فى رجب سنة ٤٧٩ فكان الظهور للمسلمين
وفى ذلك يقول ابن جمهور احد ادباء اشبيلية

ثم تعلم العجم الى جاءت مقدمة   يوم العروبة ان اليوم للعرب
ونكل المتوكل يومئذ وغيره من الرؤساء وكان فيد للمعتمد ظهور مشهور
ثم صدر ابن تشفين ظافرا واجاز البحر الى العدوة صادرا وتحرك الى
الاندلس بعض مجاهذا لاعدائها وناظرا فى خلع رؤسائها والمعتمد
الذى اعظمهم شوكة واشهرهم نجدة فلما قبض عليه لم تقم لساقتهم
قائمة ومزقوا كل ممزق وفى ذلك يقول ذو الوزارتين ابو الحسن جعفر
ابن ابراهيم بن احمد المعروف بابن الحاج اللورقى

كم بالمغارب من أشلاء مخترم   وكم لجب مصبور على الهون
ابناء معظم وعباد ومسلمة   والحميريين بلديس ولى الانون
راحوا لهم فى مصاب العز ابنية   واصبحوا بين مقبور ومسجون
وكان سير بن ابى بكر احد رؤساء اللمتونيين هو الذى حاصر اشبيلية
حتى استولى عليها وقبض على المعتمد وتقلد امارتها بعده دلوا ثم
تولى محاضرة بطليوس الى ان دخلت عنوة يوم السبت لثلث بقين

---

le copiste employé par Conde me semble avoir lu mieux que Müller, car je crois
que c'est لهم, donner à entendre, laisser entendre; voyez mon Suppl. aux dict. ar.
sous جمع II.

من محرم سنة ٤٨٧ وقيل يوم السبت السابع من صفر وقيل فى شهر ربيع الأول منها وقبض على المتوكل لتقيد وأعين بالضرب فى استخراج ما عنده ثم أزعج عنها وقتل هو وابناه الفضل والعباس على مقربة منها ذبحا وكان ذلك مما نعي على ابن تاشفين وقيل انه رغب فى تقديم ولديه هذين بين يديه ليحتسبهما ثم دم بعد قتلهما ليصلى فبادره الموكلون به وطعنوه برماحهم حتى فاظت نفسه وغربت شمسه وقد رثاهم ابو محمد عبد المجيد بن عبدون بقصيدة فريدة انشدناها شيخنا ابو الربيع بن سالم الكلاعى بحاضرة بلنسية مرارا قال انشدناها القاضى ابو عبد الله محمد بن سعيد بن زرقون فى مساجده باشبيلية قال انشدناها الوزير الكاتب ابو محمد بن عبدون وأولها

الدهر يفجع بعد العين بالاثر   فما البكاء على الاشباح والصور

يقول فى آخرها

ويح السماح وويح الباس لو سلما   والمجد والدين والدنيا على عمر
سقت ثرى الفضل والعباس هامية   تعزى اليهم سماحا لا الى المطر

وانشدنى ابو الربيع شيخنا وحدثنى لفظا قال حدثنى الفقيه ابو عبد الله محمد بن سعيد شيخنا يعنى ابن زرقون عن الوزير الكاتب ابى بكر بن القبطورنة انه حدثه انه دخل على نجم الدولة سعد بن المتوكل وهو محبوس فى سجن الملثمة بعد غلبتهم على ابيه المتوكل وقتلهم اياه وابنيه العباس والفضل فلما رآه اجهش باكيا ثم انشده

بابيك قدس روحه وضريحه   يا سعد ساعدنى ولست بخيلا
واسفح على دموع عينك ساعة   وامنن بها حمرا تفيض همولا
ان يصبح الفضل القتيل فاننى   امسيت من كمد عليه قتيلا
كم قد وقيتكم الحمام بمهجتى   وحميت شول علائكم معقولا
قدمت نفسى للمنايا دونكم   بدلا فلم ترد المنون بديلا

ومن شعر المتوكل وكتب به الى اخيه يحيى المنصور من يابرة مع نثر
وقد بلغه انه قدح فيه بمجلسه

فدما بسألهم لا انعم الله بالهم   ينوطون بى ذأمًا وقد علموا قتلى
يسيرون فى انقل جهلًا وضلّةً   واتسى لأرجو ان يسوءهم بعلى
طغام لئام ام كرامٌ بزعمهم   سواسية ما اشبه الحول بالقُبَّل
لئن كان حقًا ما ادّاعوا فلا خطّت   الى غاية العليا من بعدها رجلى
ولم ألق اصيابى بوجه طلاقة   ولم امنح العادين فى زمن نحل
وكيف وراحى ترسُ كل غريبة   وزند التقى شمى وحرب العدى نقلى
ولى خُلق فى السخط كالشرى طعمه   بعند الرضى أحلى جنا من جنا النحل
واتسى وان كنت الاخير زمانه   لآت بما اعيى الصناديد من قبلى
وما انا الّا البدر تنبح نوره   كلابٌ عدًا تأوى اضطرارا الى ظلى
فيباريها الساق اخاه على النوى   كنوس النقلى ميّلًا رويتَكَ بالعل
لتقاتلى نارا أضرمت فى صدورنا   فتبلى لا يُقلى ومثلك لا يقلى
ألست الذى أصفك قدمًا ودادَه   وألقى اليك الامر فى الكثر والقل
وحميرك السُخّر الغبيط[1] لمذكره   ومن لى نُخرًا غيرك انيم لا من لى
وقد كنت تشكينى انا جئت شاكيا   فقل لى لمن اشكو صنيعك فى قل لى
فبادر الى الاولى والّا فسائسنى   سأشكوك يوم الحشر للملك العدل❊

وله وقد ارتقب قدوم اخيه عليه من شنترين يوم الجمعة فوفد
عليه يوم السبت

تخيرت اليهود السبت عيدا   وقلنا فى المعروبة يوم عيدا
فلما أن طلعت السبت[2] فينا   أطلت لحسن محتته اليهود

---

1) Man. الغبيط. C'est M. Fleischer qui veut lire الغبوط, qui est, dit-il,
l'équivalent de المغبوط, et qu'il traduit par enviable; mais il n'en donne pas de preuve.

2) C'est ainsi qu'on lit chez el-Makkarí; le man. d'Ibno-'l-Abbár porte الشمس.

ومن مليح ما فى هذا المعنى

وخيَّبَ يومَ السبتِ عندى أنَّنى   ينادمنى فيه الـذى انا احببتُ

ومن اعجـب الاشياء انَّى مُسـلِمٌ   حنيفٌ ولاكن خيرُ ايامى السبتُ

وكتب ابو محمد بن عبدون الى المتوكل وقد انسكب المطر اثر قحط
خيف قبل ذلك واتفق ان وافى بطليوس حينئذ مغنٍ مُحسِنٌ يعرف
بابى يوسف

امَّ ابـو يوسف وانـمـطـرَ   فيا ليـت شِعرى ما يُنتظَرُ

ولسـتُ بآبٍ وانـت الشهيد   حضرَ نـديِّـك فى من حضر

ولا مَطـلَعى وَسْطَ تلك السما   • بين النجوم وحِين القمر

ورَكَضى فيها جيـاد المدا   م محتثوئةً بسيـاط الوتر

بعث اليه المتوكل مركبا وكتب معه

بعثتُ اليـك جناحا فطر   على خفيـة من عيون البشر

على ذُلُلٍ من نـتـاج البروق   وفى ظُلَل من نـسيم الشجر

تحسبى ممـن نـأى مَن دنـا   فمن غاب كان فكما من حضر

وتوجه الى شنترين ومعه ابو محمد بن عبدون فتلقاه ابن مقنا
قاضى حضرته وانزله وقدَّم طعاما ثم قعد بباب المجلس ملازما له الى
الليل والمتوكل محتشم منه لخمرج ابو محمد لمَّا ايمه الى بعض احبابه
وقد اعدَّ له مجلس انس فقعد يشرب معه وقـد وجَّـه من يرتقب
انفصال ابن مقنا فلما عرَّفه بذلك بعث الى المتوكل بقطيع خمر وطبق
ورد وكتب معهما

فَيّكَهـا فاجـتلـبها مُـنِيـرةً   وقد حبا حتى الشهابُ الثاقبُ

واقفدّ بالبـاب لم يأذَن لـها   ألَّا وقـد كاد ينـام الحاجب

فبعضها من المَحَانى جامـدٌ   وبعضهـا من الحيوله ذائب

فقبلها وكتب اليه

قد وصلت تلك التى زففتها   بكرا وقد شابت لهما ذوائب

فهبْ حتى نستردّ لاعبا   من أنسنا إن استردّ الذاهب

وقرأت فى كتاب الذخيرة لابن بسام الخبرى الوزير ابو طالب بن غانم

كل لا انسى والله حفظ المتوكل بهذين البيتين فى ورقة بقلة الرئب

وقد كتب الىّ بهما من بعض البسائنين

انهضتْ ابا طالب البينا   واسقطّ سقوط المندى علينا

فنحن عهقمدٌ بغير وسطى   ما لم تكن حاضرا لدينا

وحكى غيره انه كتبهما بطرف غص وروى البيت الاوّل

أتيلْ ابا طالب البينا   وقعْ وقمع المندى عليناﴰ

P. 179, l. 14 et n. 2. La leçon لقرطبة est la bonne. — N. 5 (طاعته). Dans le man. de M. de Gayangos, que je désignerai par la lettre B., جماعته. — P. 180, n. 5. B. الى comme j'ai corrigé. — L. 2 (النادجوع) B. الندجوع, lisez البخجوع. — N. 2. E. نذّه (bon). — N. 3 (حلف) l. حائف (B.) et conserrez المولى; — ma conjecture sur ارب est mauvaise; B. موسنتة (سطة) B.; — peut-être faut-il lire: porte فصار ذلك أزدى الاشياء الى البرايرة عنه; lisez وتخطتن (وتخطتن) B. — وفصار ذلك أرد الاشياء للبرابرة عند وتحككتة et prononcez le mot qui suit للحوادث; — la dernière phrase est en effet fort altérée dans A.; lisez comme dans B.: شأو للحيوة (ou bien وأنظر بعد جمهور انثور بالاندلس شأوه avec A.). — L. 4. Pour للملك A. et B. ont بلدب. — L. 7 et n. 4. E. comme j'ai corrigé. — N. 5 (المجد) l. البخل avec B; — (فيده) B. فيدأ; lisez فسده. — P. 181, note, l. 1. B. confirme ma correction جميل; cp. Ibno-'l-Abbár, p. 180, l. 5; l. حامى (حاسى) كما (B.); — l. 2. B. a aussi كما et c'est bon; voyez sur cette

phrase mon *Suppl. aux dict. ar.* sous جمع VIII; il faut sous-
entendre بالتحية, comme le prouve ce passage d'Ibn-Djobair,
p. 229, l. 17 et 18: وهو في فتاء من سنه اشقر اللحية صغيرها
التف وجه الغلام; on dit dans le même sens كما اجتمع بها وجهه
voyez de Goeje dans le Glossaire de sa *Bibl. geogr. Arab.* sous
لف VIII; — l. 3. Dans mon *Suppl. aux dict. ar.*, j'ai donné,
mais en hésitant, l'expression تبع العشرين من سنه sous تبع I;
M. de Goeje prononce تَبَّع, dans le sens de تلو (voyez Lane),
et je pense qu'il a raison. On voit qu'Ibno-'l-Abbár (p. 180,
l. 6) en a fait مع, ce qui ne vaut rien; — (الشيب) l. الشباب
(B.); — l. 4 (المارة) l. الاناوة B. (السشرود) l. الشذون (B.); — l. 5
(sic); lisez أوّء; — (القمنَ) l. اقمنَ; — l. 6 (وامسلان) B. امسلان ولا
(نفارس) l. بفارس (B.); ensuite B. donne الجاعة شارك ولا; — l. 9
(على الاولياء) l. الاولياء عن; — l. 10 بسبيله ne doit pas être
changé (voyez mon *Suppl. aux dict. ar.* sous مضى I); les mots
énigmatiques والزم جيس عليه ne sont pas dans B.; — l. 15
(الى) l. الى*; — l. 18 (المتطيب) l. المتطبب (A. et B.), mais B.
porte بين الكتافى المتطبب; — l. antépénult. B. احمس, ce qui
revient au même, mais après الملوك il ajoute عنها, qui est abso-
lument nécessaire; puis il omet فيها et donne بثلاثة (mauvais);
— dern. l. (النيق) B. الين (mauvais). — P. 182, note, l. 5
(اكثر) l. كثير (B.); — l. 6 B. بالحجامة ولحاوية, mais c'est mauvais. — Texte, l. 2 (واكثر). Le copiste de E. avait écrit par
erreur وكثر, mais il a changé le و en ا, et il faut lire en effet
اكثر, sans *wau.* — L. 5 اعمالها aussi dans E., mais l. اعمالهما; —
L. 6 (منخيي) mieux مُنَخَّي. — N. l. E. comme dans le texte.
— L. 7 et n. 2. La leçon d'Ibno-'l-Abbár est la bonne; مضاء

fermeté de caractère; voyez mon *Suppl. aux dict. ar.* sous مصى

I. — P. 183, l. 3 lisez شَأْوَتْ. — N. 1. Ne manque pas dans E. — N. 2. E. comme dans le texte. — Après l. 9 E. a de plus ce vers:

— .ومن اللّٰ الـمثل عزّت به ايّامه وانصرفت جُنْتُده

L. 13 l. الطـلـ ٭. — N. 3. E. comme dans le texte. — L. 17 (القريضَ). Comme Müller veut lire القريض et que la même faute se trouve dans l'édition du *Caláyid* qui a paru à Paris (p. 60), j'observerai qu'al-Garídh est (de même que Mabad qui suit) le nom d'un célèbre chanteur; voyez Caussin de Perceval, *Notices anecdotiques sur les principaux musiciens arabes*, p. 64 et suiv. — L. 18 (ومّدْ) l. ومّدْ. — L. 19 (سقى). Müller note que E. a سـى et que c'est bon; c'est au contraire très mauvais. — P. 184, n. 2. E. a bien شادن, mais avec un *noun* sans point. — N. 3. E. يفن, mais le mode conditionnel est inadmissible ici. — Dern. l. et n. 4. Pour justifier ma correction, je citerai l'article de l'*Asás* qui est conçu en ces termes: واقتذى الطّائر أنّقى النّقْلى عن عينه وذلك حين تَحُكّ رأسه قل حُميد بن ثُور

— ٭.خطّا كاقتذاه الطّير والليل مُدْبِرٌ بجُثّمانه والصّبْحُ قد كان يَسْطَعُ

P. ١٠5, l. 1. Lisez بحـمـل ٭ et ٭.المقادحات — L. 5 (فى) l. فى comme dans le *Caláyid* (p. 63); E. n'a de ce vers que les deux premiers mots et le dernier. — L. 11 lisez بشنتريه (E., où la première lettre est sans point). — P. 186, l. 5 (أجوحا) l. جراحا (E). — N. 2. Le copiste a pris من pour بن. — P. 187, l. 10. E. a ارب‍ع dans le texte et خمس sur la marge. — P. 188, n. 1. E. comme j'ai corrigé. — N. 2. E. غيلان avec un point de trop sur le l. — N. 6. E. comme j'ai corrigé. — P. 189, l.

1 et 2. Ecrivez «ايا العيننا لا انت ولا انا». — N. 1. E. comme
j'ai corrigé. — L. 4 lisez تعرّفهما (E.). — L. 7 et 8 (قد كروا)
من I. (عمن عقلته) I. — L. 9 (نعرّض I. (تعرّض E.). ; فذتو I.
عقلته (E.). A présent on peut supprimer la n. 3. — *Abbad.*,
t. II, p. 86, l. 2 (cp. t. III) I. وتحكّلا (E.). — N. *b*, *c* et *d*.
E. comme j'ai corrigé. — L. 6 a f. (بالخطاب) et n. *e*. E. comme
j'ai corrigé (cp. t. III). — P. 87, l. 3 I. فذا ليلتّ (E.) —
Notices, p. 189, n. 5. *Recherches*, 3e édit., t. II, p. V, l.
6—9. Comme c'est le texte d'Ibn-Bassám, je donne ici celui
d'Ibno-'l-Abbár: وبثّ لابي عبد الزّحمن بن طاعو منّا فى البقنه
حتى تجاوز معارع جماعة النروساء وشهد محنة المسلمين بملنسية على
يدى انطانيه الذى كان يدى انتنبيطور وحصل لديه اسيرا سنة ٠٠
يعنى واربعمائة كذا قل ابن بسام الّذى — N. 6. *Recherches*, 3e édit.,
t. II, p. XXVII, l. 25. — N. 7. *Recherches*, 3e édit., t. II,
p. XI, l. 3—5, p. XXVIII, l. 7—XXIX, 2. — *Recherches*,
3e édit., t. II, p. XXVIII, l. 17 lisez جزته (E.). — *Notices*,
p. 191, l. 6. E. سيسكه. — L. 8. Prononcez أنّاب. — N. 1.
Recherches, 3e édit., t. II, p. XLVII. — N. 2. Dans E. c'est
un *fâ* sans point. — P. 192, l. 2 lisez ذميم (E.). — L. 7. E.
احوال dans le texte et اخوان sur la marge. — *Abbad.*, t. I,
p. 300, l. 6 (وأن) E. — L. 7. E. وقد عطشنا ونمّ رى. وحان
L. 8 (ندّيم) E. خليل. — *Abbad.*, t. II, p. 88, n. *c*. Müller
n'a rien noté à ce sujet. — L. 7 a f. et n. *e*. E. وسرى et c'est
ainsi qu'il faut lire; cp. *Notices*, p. 202, l. 12. — L. 6 a f.
الله est bien dans E., mais avec un signe qui indique qu'il est
de trop. — L. 5 a f. E. يتابع خطف ; تتابع خطف lisez et tra-
duisez: «Seigneur, je vous accompagnerai partout où vous

voudrez, de même que l'éclair éblouissant suit de nuit le voya-
geur.» — *Abbad.*, t. I, p. 39, l. 8. E. comme dans la note *o*. —
L. 12. E. الـيـل. — *Abbad.*, t. II, p. 89, l. 3 a f. et n. *d*.
طلب منه امتـاح فلانّا est bon, car الامتياح (aussi dans E.) est
mais supprimez les signes de la rime après ce mot et الانتجاح. —
P. 90, L. 4. Cp. t. III; E. a aussi la faute اوكت pour اوكتتا,
et même, à en croire Müller, une faute de plus, car ce savant
a noté فاوكـت. — L. 6. E. confirme ma correction (t. III)
عـمـه. — N. *k*. E. اسـد avec un point sous le dernier trait du
س. — L. 8 et 9. Contrairement à ce que j'ai dit t. III, je
pense à présent que la leçon دُقـيـله وجـوه لّجـيـد est bonne et
qu'elle signifie: «Ibn-Ammár dirigea contre Ibn-Táhir les têtes
des chevaux.» Le وجـوه de E. est mauvais. — Avant-dern. l.
Mon وجـزيـل ne peut pas être bon, car il faut, non pas un
adjectif, mais un substantif. E. وجـمـديـل (*sic*); Müller propose
وجُـدَّيّـل, ce que je crois devoir admettre; cp. dans Lane l'expression انا جُدَيّـبّـا نحتّكُ الخ et l'explication qu'il en donne. —
Dern. l. Müller prétend que la leçon de B., كالشهاب, est mauvaise, et qu'il faut lire avec A. لا كالشهاب; mais M. Flei her
remarque qu'elles sont bonnes toutes les deux. اخرجه من مرسية
كالشهاب signifie: «il le chassa de Murcie comme une étoile
filante,» ce qui est une allusion aux passages du Coran, 15,
vs. 18, et 37, vs. 10, où on lit que les anges lancent des
étoiles filantes contre les démons qui cherchent à pénétrer dans
le ciel et s'en approchent pour écouter ce qui s'y dit. Le mot
لا, continue M. Fleischer, n'anéantit la comparaison qu'en ap-
parence; en réalité il la fortifie; c'est comme on dit: يـضـى
لا كالشمس «il brille, non pas comme le soleil»; à savoir: en-

core plus que le soleil. Dans notre passage: avec plus d'éclat
qu'une étoile filante. De son côté, M. de Goeje remarque que,
d'après le Commentaire sur al-Harírí (2e édit., p. 45 et suiv.),
les auteurs de Fez emploient bien ﻻ de cette manière, mais
non pas ceux de l'Espagne. — P. 91, n. b. E. comme dans
le texte. — L. 10. E. aussi مِن احسن comme j'ai corrigé t.
III. — P. 93, n. n. Ce mot, écrit un peu indistinctement
dans E., est وَالْحَبِّ. — P. 96, n. a et b. E. comme dans le
texte. — L. 2 (معز) l. وَاقْمَزْ (E.); l'hémistiche est donc plus
intelligible que je ne le pensais t. III; في ترى semble être *dans*
ma terre sèche, c.-à-d., dans ma pauvreté; cp. chez Lane
(sous تُرَاب) تُرِبَا له وَجَنْدَلَا. — L. 5. Voici la note sur ce vers
qui m'a été communiquée par M. Fleischer; je la donne en
allemand, parce qu'en la traduisant je craindrais d'altérer sa
pensée, et aussi parce que le français ne se prête guère à la
traduction d'un vers aussi amphigourique: «So würde ich
weder die Vögel der Liebe von den Bäumen des Hasses abge-
wehrt, noch das Antlitz des Lobpreisens von den Sommer-
flecken des Vorwürfemachens bewahrt haben» — d. h. ohne
orientalische Bilderjagd: so würde ich weder meine Liebe zu
dir vor der Neigung, sich in Hass zu verwandeln, noch meine
Lobpreisung deiner Person vor der Beimischung von Vorwürfen
bewahrt haben. — Die Vögel der Liebe wollten von den Bäumen der Liebe wegfliegen, um sich auf die Bäume des Hasses
zu setzen, — freilich ein Bild jenseits der Gränzen *unserer*
Einbildungskraft, noch mehr als das von Vorwürfen, als *taches*
de rousseur auf dem Antlitz von Lobliedern. — P. 97, l. 1.
Lisez عنه تحكى حمد (E.), c.-à-d. عنه انتهحكيني; صحّة; ma note
94 doit donc être supprimée. — P. 98, l. 1. Mieux وذخير. —
N. b. Le mot après في est écrit indistinctement dans E., mais

semble التنفخير. — P. 100, l. 11. E. واغرى comme j'ai corrigé
t. III. — P. 101, l. 4 شاركته pour شاركتك (E.) semble un
lapsus calami, comme le montre ma traduction. — L. 8 et n.
b. E. بماتم comme j'ai corrigé t. III. — L. 12 (مُتُ) mieux مِتُ
(E.). — N. *c.* E. comme j'ai corrigé. — P. 102, l. 3 et n.
103. E. الرَّعِيل. — L. 5 (تتمثَّل) l. متمثِّل (E.). — N. *b.* E.
comme j'ai corrigé. — P. 103, l. 3 (اعدائه) l. اغرائه (E.). —
N. *a.* E. comme j'ai corrigé. — P. 104, l. 4. E. فضناخر (*sic*).
J'avoue que le sens que j'ai attribué t. III à la IIIe forme de
ضهر m'est devenu de plus en plus douteux. — N. *f.* E. comme
dans le texte. — P 105, l. 6. Mieux الذَّخيرة. — L. 7. Lisez
ارْثَه l. (رَاثَّه) (E.). — L. 12 (رأئه) l. (E.). — قبيل الستين او الخمسين
L. 13 (فأوعم). J'avais depuis longtemps corrigé فأوعز et c'est la
leçon de E. Corrigez de même le passage cité dans la n. *b.* —
N. *c.* Aussi dans E.; mais Müller a vu aussi qu'il faut lire
comme j'ai proposé t. III. Pour بشوقه ce savant veut lire
بِشُونَه, ce que j'approuve. — P. 106, n. *a.* E. comme j'ai
corrigé. — L. 5. Lisez فرأيْا (E.). — L. 6. E. اشدتيما comme
j'ai corrigé t. III. — L. 7. E. الحُتَنَذ, avec un petit *há* au-
dessous; lisez ainsi. — L. 8. Lisez او استنزلهما (E.). — P.
109, n. *a.* E. comme j'ai corrigé. — L. 11. E. واصب. — P.
110, n. 116. بن V. Corrigé dans mon *Suppl. aux dict. ar.* —
Dern. l. E. انفذ; il a صنين comme j'ai corrigé t. III. — Abdo-
'l-wáhid, p. ٨٨ 2e édit. L. 2 (تجنى) E. اجنح. — L. 3 (عداى)
E. عدائى. — L. 4 (فإن) E. وان. — L. 6 (عاصياك) E. عاصىُّ وشان
E. وشاق. — L. 8 (سلكتها) E. جنيته. — L. 9. E. وعبى قلب (وعبى وقلب)
ولا تستمع زور الوشاة وافكم. — Les lignes 11 et 12 sont trans-

posées dans E. et il a: تخيلتم لا در الله درّم. — L. 13 (بلغه)
E. عفوا. E. (حلما) ; يؤتى E. (يؤتى) E. — L. 14 بلخبه. —
vers E. a le dernier. — L. 15 (واضح) E. ثابت. — L. 17
— ولي شرق E. (ولي شرق) — سلام عليه E. (عليه سلام) — L. 18
Abbad., t. II, p. 112, n. a. E. comme dans le texte. — Avant-
dern. l. (بلغه) l. ابلغه (E.). — P. 115, n. a. E. comme j'ai
corrigé. — L. 4. E. a deux fois الغار comme j'ai corrigé t. III.
— L. 6. E. يضحى موياهم يومّل سيبه, mais peut-être le copiste
du man. de Paris a-t-il bien lu موملم. Je prononce: يُضْحِى
et je traduis: «Celui qui a à attendre d'eux, مُوَمِّلُم يُوَمِّل سَيِّبه
des bienfaits, en reçoit tant, qu'on peut en attendre de lui;
et celui qui s'est mis sous leur protection, devient lui-même
un protecteur puissant.» — N b. E. comme j'ai corrigé. —
P. 116, l 6. E. avec les voyelles بِيَوّمِين. — P. 117, dern. l.
E. احنقه!, comme j'ai voulu lire t. III; modifiez donc ce que
j'ai dit dans mon Suppl. aux dict. ar. sous حنق II. — P. 118,
l. 5. Après السقادمين ajoutez به (E.). — L. 9 et n a. Aussi
صفار dans E et Müller corrige avec raison صفاد; ce que j'ai
dit à ce sujet t. III doit donc être regardé comme chose non
avenue. — P. 119, n. a, b et c. E. comme j'ai corrigé (par
conséquent, pas متمرّع comme j'ai soupçonné t. III). — P. 120,
l. 15 (لعلّ) l. ولعلّ (E.) — Voici à présent la fin de la biographie d'Ibn-Ammár, qui n'a pas encore été publiée:

ومن شعره في غير ما تقدّم   أنفذى الى المعتمد ثوب صوف بحري

يوم نيروز وكتب معه

لما رايت اناس يحتشدون في   المحاف يوسك جثّته من ربّه

فبعثت نحو الشمس شبهه لابنها   وكسوت متّن الدجر بعضتى تيبه

فوجّه السيد المعتمد بهدية فضّة فيها خمسمائة دينار وقيل خمسة
الاف دينار ذهبا وكتب معها

فاغنم جزيلك المـال من وقابه	هيّة أتتك من النُضار كيبيها
امنعاقها لمسرّته عن بابه	فلوَن بيت المال بحرى لنَقلَه
فيه عليك نلى ترى أوّى به	وملأتُ منذ يديك لا مستأثرا
نمّا كسوت الهجر بعض ثيابه	فلهجِ يطالع جوّه لك راخرا

واهدى ايضا تفاحا واجصا الى بعض اعمابه وكتب معها

او اوجست فى راحتيك نهــود	خُذها كما سلوت اليه خدود
ولها باجيــاد النعمين عقـود	دُرَرا من التفــاح تُنثر بيننا
راح دعاقا فى الشتاه جمــود	خُذها وقاوّلها النعام فنها
شكلُ للجمسل وحمّة تحمليد	وشعّقت بالاجسا تخلدا انـه
بيضُ تقارنبـها عيمرنّ سود	علُما انيك فتّماه فى اوجُه

واهدى ايضا خمرا وطيقا ميه تفاحتان ورمانتان[3] وكنب معها

Deux lignes en blanc.

وله فى لخرشف

لمّن يرجيد فى ثوب من البنخُلِ	ويّنتِن مه وتُرب جوّدُها ابقا
خوذ من الروم فى درع من الاسبَل	كنُها فى جمل واستنقاحِ لترى

وله فى طبيق من الفتة مذهّب الـ لمن

ذهبا فى قرارة من لُجَبـين	ومبمه من الغنا نمك السلت
زقَر لحسن من بنان اليلدين	فاجتمعت حولها العيون بلمّى

وله فى زورق

---

1) Dans le man. الوثها لبيبيها. L'un est une variante de l'autre.

2) J'ai ajouté فى à cause de la mesure.

3) Ce mot, qui est dans ma copie, manque dans celle de Müller, qui l'a omis par mégarde.

وجارية مثل الهلال ألفتها على نهر مثل السيف رقيق

تجلى لنا الاصباح وهو زمرد فألقت عليه الشمس ثوب عقيق

وله وضمن اوائل الابيات اسم قينة

نفسي وان عذبتها تهواك ويسرها ضربٌ الى تقبيله

عجبٌ لهذا الوصل اصبح بيننا متعذرا ومنى فيه منالك

ما بال قلبي حين رامك لم يَنَل وبقد ترومك مقلتي فتراك

الله اعلم ما ازور لحاجة ذاك تخلل لغيري ان تبعك

ليت الرقيب اذا التقينا لم يكن فناسل رؤيا من لسكيك نمك

متنزها في روض حسنك شاربا كأس الغثور تسحيرها عينيك

حكت الغصون جمال قدك فتثنت والغتسل للمَحكيّ لا للحاكى

لا تمغنرقي يا روضةً منمشاورة حتى امك ربدى الى مَاجِنلك

وله

انا ابن عمّاز لا اخفى على بشر الّا على جنبل بالشمس والنمر

وبين طبعى وذهنى كلُّ سابقة كُسرم ينفذ بين النقوس والوتر

ان كن اخرى ذعرى فلا عجبٌ فوائد الكتب يُستلحقنَ في الطُّرِ [1]

لم اجد عنده الابيات الثلاثة في ما جمع ابو الطاهر التميمى من شعر ابن عمار فاثبتّها اليمد وكتبتها في نسختى مند وقبد وقعت في بعض نسخد وكذلك قوله مبتدءًا في المعتمد محمد بن معن بن صملاح وقبد مبر بقبره وحوله جماعة من الشعراء كانوا قبد مدحوه وابطأ عنهم عطاوه وتعذّر عليهم القبول في استنجازه فارتجل على ألسنتهم

يليها الملك الذى شيّد العلى مَعَنٌّ ابوه وحسّنه المنصور

بفنه قصره عصبة ادبيّةٌ لا زال وهو بجمعهم معمور

زفّوا اليك بنات الفكار لهم واستمبطوك قبل لهن مهور ٭

P. 102, n. 1. Texte:

أبو محمد بن عون الجذامي ذو الوزارتين ۞

لم أقف على اسمه وهو أحد النجباء الأدباء من أهل بيته ملوك
سرقسطة والشعر الأعلى ونبتت به دارهم فتحول بوصلنا الأندلس وغيرها
قبلها رؤساءها واختص منهم بالمتوكل عمر بن محمد بن الأفطس فولاه
مدينة الأشبونة من أعماله ثم صرف عنها وبدار محمود السيرة معروف
الفراخة وهو القائل في خروجه من سرقسطة يخاطب قومه

وتبيعتم الرأى المرقق اجمعا	ضللتم جميعا يا عون عن الهدى
بأيديكم منها وأسقدر اتبعا	وشئتم بين الملك في قنعتم
دجت فأبت لى أن أنير واسطعا	وما أنا إلا الشمس غير غياهب
فلم يبق إلا أن أغيب وأطلعا	وإن تطلعت تلك البدور اغلّة
تنفكم منكم وإن كان أجمعا	ولا تقطعوا الأسباب بيني وبينكم

وله وقد احترق بيته لئم مقامه بتلبيطلة

على حكم أيدى الحادثت جهنما	تركت محلى جنّة فوجدته
لما صنعت في أولا كان أعظما	نتمتع بى الأيام ما شئتن اخرا

وله في المتوكل اليم سلطانه بيابرة [1]

وله لما نقش على رئاس سيف المتوكل

إلا رئيسى في يمنى يمينك بقى	لا تخش ضيما ولا تقبح اخا قرى
على أكأوة وفى عند الوغى فثقى	اديحنت امضى من لحين المتاح فثل
لقلت أنى امضى من ذبا الحذفى	لمولا فترور بتلحظ الطبله اذا

وله وقد سئل عما اكتسبه في ولايته

---

1) Il y a ici une lacune dans le manuscrit; trois lignes sont laissées en blanc; mais à la fin de la première on lit فلدى يخشى من الحذر بالخبر «, et تمنع la troisième.

وستقبل نفسى لمصابها ← صدرت عنها وليست

ما نلت قلبت تشاء ← يبقى معى ما بقيت

فان أممت كان بعدى ← متخلطها لا يموت

عفت انقبل لمعلمى ← ان ليس يعلم قوت

وصمت قدرى عنها ← ماجرىبلا لمعلميت ۞

N. 2. Texte:

هو لبون بن عبد العزيز بن لبون وكان من جملة اصحاب القادر يحيى بن ذى النون ورأس بريبتار من اعمل بلنسية ثم تخلى عنها الى مروان عبد الملك بن رزين صاحب شنتمرية الشرق ايام تغلب زريق المعروف بالكنبيدار على بلنسية واحراقه لرئيسها الى احمد بن جحاف وسار معه الى شنتمرية ثم سلم بعد ذلك واستقل ما كان يجرى عليه فقال

لروى أجنب شرق البلاد وغربها ← لاشفى نفسى او اموت بذائى

فلست ككلب السوء يرضيه مربض ← وعظم وتنسى عقاب جيماه

تحوم كليما يدرى للحسب حوبها ← امسام امسيم او وراء وراء[1]

وكنت اذا ما بلدة لى تنكرت ← شددت الى اخرى مطى لهى

وسرت ولا ألوى على متعذر ← اصغى الى انتصاحه

كشمس تبدّت لعيون بمشرق ← صباحا وفى غرب اصيل مساه

وله من اخرى فى مثل ذلك

---

1) Ibno-'l-Abbâr العلماء ورائى او وراء المسى المسى, mais j'ai suivi les mss d'al-Faïh. حذا كناية عن المبالغة فى الاستقصاء :Le scoliaste du mss. de Gotha dit والامعان فى الاستقراء وانه لا يترك لنفسه من المم الا وله به المم ولا من وراء الا وله فيه سير هو به من البعد (البعدى ل) يبرا (بورا ل) وقيل صادفى بأيمن واليسار لانهما المم ووراء فى بعض الاحوال ۞

خليلىَّ ما بالى على صدقى عزمتى   ارى من زمانى وتَـهيمةً او تـعمـّرا
ووالله ما ادرى لاىَّ جريـمةٍ   تجنّى ولا عن اىَّ ذنب تغيّرا
ولا اكُ عن كسب المكارم عاجزاً   ولا كنت فى نيل أنيل مقصّرا
لئن ساء تمزيق الزمان لدولتى   لقد رزّ عن جهلٍ كثير وبصّرا
وايقظ من نوم السُخراءِ ناسهـا   وكسّب علمـهـا بالزمان والورا
وكان ابو عيسى معدّنا فى الاجواد موصوفاً بتجويد الفريض وطلّت
اقامته فى كنف ابن رزين الى ان توفّى عنداملك وقيل بل توفّى
بسرقسطة وامّا اخوه ابو محمد عبد الله بن لبرون فكان واليـا على
لوررقة وتوفّى بها بعد وقيعة الزلاقة بيسير وسياق ذكره نقل ابو عيسى
برثيه ويذكر اخريه المتوفّيين قبله لما وهب عامرا وكان ضابطا لقصر
بالنسية ولما تجمّع ارقم وكان واليا على وبذمّة من شئمتُ بريةّ[1] وكان
ابراهيم ابو الاصبغ من كبار اصحاب المامون ابن ذى النون وهو الذى
استخلف على بالنسية فى خروجه لتمدّك شاطبة[2]

قل لعرف الزمان· كم نا انتفاعى   فى تساقيك لى بهّذى الدوالى
كان فى عامر وارقم ما يكسّى   فمهّلا ابقيت عبد الله
قبه بعد كنت أستدمع لخطيب   واسلمو على السعدى والى
اى شمس واق عمليهـا اقول   فـلّ غريبتى عزائبمى ونسواطى

P. 193, i. 4. Texte:

يا ليت شعرى وهل فى ليت من أرب   وهيهات لا تنقضى[4] من ليت آرُب

---

1) Dans le mss. ملجينةٌ زون سنفةٌ اوريةٌ cp. Yâcout, t. IV, p. 901:

من اعمل شَفَّنت بريةً بالاندلس ۞

2) Cette phrase est sans doute déplacée ici, car nulle part, dans ce chapitre, il n'est question d'Abou-'l-Açbag Ibráhim.

3) Le mss. porte الخُلم; j'ai suivi Ibn-Bassâm et al-Fath.

4) Leçon d'Ibn-Bassâm et d'al-Fath; le mss. d'Ibno-'l-Abbâr porte تَقْتَضى.

أين الشموس التي كانت تطلعنا   والنجم من فوقه لليل جلبب

وأين تلك الليالي اذ تلمّ بنا   فيها وقد نام حرّاس وحجّاب

تهدى الينا لجينا حشوه ذهب   اذا لمل السّعاج والاطراف عنّاب

N. 3. Texte:

النيك عنّى نأى فى لحقّ الختين   نقضت كفى من الدنيا وقلت لها

جليس صدقى على الاسرار مؤتمن   من كسر بيتى لى روعى ومن كنّى

لعنده الحقّ مسطور ومختزن   ادرى به ما جرى فى الدّعر من خبر

قدم وما لهُمْ علمٌ بمن دفنوا   وما مصافى سوى موتى ويدفننى

N. 4. *Recherches*, 3ᵉ édit. t. II, p. XLVIII, l. 16—20. — *Notices*, p. 194, n. 1. E. comme dans le texte. — *Abbad.*, t. II, p. 120, n. *b.* E. comme j'ai corrigé. — *Notices*, p. 194, n. 4. E. correctement فبسالله. — N. 5. E. تبيغى. — P. 195, l. 6 et 8. Prononcez رايت, وحفنتها et ادلمعتها (E.). — L. 11 (وعرّف) E. وعرّف, ce que Müller approuve; mais il faut lire, comme dans le *Calâyid*, وعزّف. — P. 196, n. 1. E. وتضيمسفا (sic). — *Abbad.*, t. II, p. 121, l. 5. Cp. t. III; E. امّل. — N. *b, c* et *d.* E. comme j'ai corrigé. — P. 122, l. 10 (٣١٥) l. ٣١١ (E.). — *Notices*, p. 196, dern. l. Après ce vers E. a encore celui-ci:

— يا فريدا لا يجارى   بين ابنءه الزمان

P. 196, n. 5.

عبد الله بن عبد العزيز البكرى ابو عبيد الوزير[1]

هو عبد الله بن عبد العزيز .... بن محمد بن

ايوب ... الامراء .... يكنى بأ .... ابو يزيد

---

1) D'après les mêmes auteurs; dans le man. متنى فى.

(ابو زيد .اقرأ) محمد بن ايوب ورابة وشلطيش وما بينهما من الثغر الغربي واصلهم من لبلة وكان ايوب بن عمرو قد ولي خطة البرد بقرطبة ولي ايضا القضاء ببلده وسمّاه ابن حيان فى الذين سمعوا من عشام تزويّد ما امر بعقده للمنصور محمد ابن ابى عامر مجلّدا للألّفة وسمى معه محمد بن عمرو اخاه وتاريخ فكان العقد شهر صفر سنة ٣٨٧ وذكر ابو القاسم بن بشكوال ايوب بن عمرو المذكور فى تاريخه قل ابن حيان لما تولى الوزير ابو الوليد الخ

Ici se place le passage d'Ibn-Haiyán que j'ai déjà publié et traduit *Abbad.* I, p. 252, 253, 282—285. — *Abbad*, t. I, p. 252 (cp. t. II, p. 259), l. 10. Ibno-'l-Abbár فى شهر ربيع يعد لذلك اثر ذلك pour et اثر ذلك, الاول سنة ثلاث واربعين يعنى واربعمائة. — L. 14. Le même البلدة (البلاد). — L. 15. et البلدة, فنزل له عن لبلة. — L. 16. Il a سقط اليها النبا — L. 17. Il omet ووردعا. — L. 18 ابو زيد البكرى (النشرف) شرف (mauvais). — L. 19 omet فوقع لذلك من — Dern. l. الى (قبيل). — L. 20. Omet بيها — P. 253, l. 2 المعتضد ورد الامر اليه (mauvais). — ولبة (اولبة). — L. 4 رجل سرى عاقل عفيف اديب — L. 5. وسط (فى وسط). — L. 6 يذ الاقران et ensuite خلالا وخدلا (جلالا وخلالا) — L. 8 شلطيش (بشانطيش). — Ibno-'l-Abbár continue en ces termes:

وحكى غيره ان البكرى فى قصده قرطبة اجتاز باقليم البصل وطليالطة وقصد اغتّ المعتضد لم المنزل وانصيافة فنكل ومأخَّفته القبس عليه وعلى نعته لقدّم الى صاحب قرمونة محمد بن عبد الله البرزالى يعلمه باجتيازه عليه وانه لا يامن غائلة عبان وسأله مشاركته وخفارته فعاجل له قطعة من خيل مجرّدة لقيته بموضع اتفقا عليه ولم يلو البكرى على موضع النزل وحثّ حمونة حتى لقيته خيل ابن عبد الله فوصل معها الى قرمونة ثم توجّه منها الى قرطبة ونجا من حبائل المعتضد

قل وكانت مدّة البكريين بشلطيش وما اليها احدى واربعين سنة
في اوّل هذا الخبر عن ابن حيان ذكرَ ابن يحيى والي زيد البكري
وابو زيد اما هو محمد بن ايوب والد عبد العزيز ولم يدرك المعتضد
وملكه واما عبد العزيز فكنيته ابو المُصعَب وكان جوادا مُمَدَّحا وفيه
يقول ابو على ادريس بن اليماني من قصيدة فريدة وكان ادريس فذا
مقدّما[1] فى فحول شعراء الاندلس

على تَبِيد جِماز الشَوقِ فَتَّدَها	بدَّى للتى لم تَثنِ لِينَ فُوادَنا
يبارى سَوادَ العِين منها سوادُها	من البِيض تسرٰى فى رِداء لَونُهُب

يقول فيها

سقنَها الصِبا السلسَل حتّى اماذها	.... الشروطِ ....
لتَسوَرد عِيسَاجُهُ الملام ورُلدها	تقود بلا رِفق خيبِلٍ مساعِسى
عليها وحَثَّت بالمطراد جيادها	وما انتفَضَّها حينَ عَنَّت بجُودها
شكرتُ صَلِيعَ البين فى الٰ اُلذها	افلدتُ غداة البِين منها التِماحُة
اذا مرضَّت ارضَ الاحبّة جادَها	اعيدى سقا مثوك اَنعَس اَشنَب
متى ما يُبعِدُها لم تَمَل مُعدادَها	يضَوع بوادِيكَ الاغنِ اغانِيا[2]
حسبُنا جدّى[4] عبد العزيز اجلادها	اذاما اجسَدت كفِّد حسوُك روحَة

ثم تعرّف فى المديح تبصرفُه فى النسيب فاحسن وابلع   وابن
يحيى هو يحيى بن احمد بن يحيى التجمسى من اعمال لبلة استولى

---

1) Man. معلما.

2) Man. يبوا.

3) D'après M. Fleischer, اغانيا = ياغانَى, comme سوئنا dans le paradigme
تَمَرِيَة سَوطا et il pense que يضَوع الفوادُ = et يضَوع
Man. يضَوع فُوادَها مند يُغَلِم, comme on lit chez Yâcout III, p. 580: l. 11:
l'ellipse me semble un peu forte.

4) Le man. a جرى dans le texte et sur la marge لعله جدّى

عليها احمد ابو في بضع عشرة واربعمائة وملكها نحوا من عشرين سنة
الى ان مات سنة ٣٣ وليها بعده ابنه يحيى الى ان خلعه عبد
المعتضد سنة ٤٣ كما تقدم   وكان ابو عبيد البكرى من مفاخر
الاندلس وهو احد الرؤساء الاعلام، وتواليفه قلائد في اجياد الايام،
ذكره ابن بشكوال في تاريخه، وحكى انه كان يحسان كتبه في سبائى
الشرب وعيوبها واقرانا لها قل وجمع كتابا في اعلام نبوة نبينا صلعم
اخذه الناس عند وتوفى في شوال سنة ٤٨٧ وحكى الفتح بن عبيد الله
في ما وجد بخط ابن حيان على زعمه، ان لما عبيد صار الى محمد
ابن معن صاحب المرية فاصطفاه لصحبته واثر مجالسته والانس به
ورفع مرتبته ووفر طعمته ومن شعره يخاطبه لابي الحسن ابراهيم بن
محمد بن يحيى المعروف بابن أنت،، خاله، وزير ابي الوليد بن جهور
بقرطبة وقلد خرج رسولا الى بادبس بن حبوس بغرناطة انشدها له
ابن حيان في تاريخه الكبير ونقلتها من خط ابي الوليد بن اللقع
المحدث

كلما في بروج السعد ينتقل البدر ُ   ويحسن، حيث احتل آثاره الغطر ُ
وتقسم الارض للحظوظ بغعذة، لها وافر منها واخرى لها نزر ُ
لكل مكان غلب عنده ملكى   وعز مكان حله ذلك البدر ُ

---

1) Dans le manuscrit du Cilak que possède la Société asiatique, il n'y a pas d'article sur notre Abdollâh.

2) Ce passage est remarquable, car Ibno-'l-Abbâr cite ici un livre d'al-Fath que nous ne connaissons pas, et qui doit avoir été composé sur un autre plan que le Matmah et le Kaláyid,. où les citations sont extrêmement rares; je ne me rappelle pas que l'auteur y cite une seule fois Ibn-Haiyân.

3) Cp. Abbâd., t. III, p. 54, 1 4.

4) Dans le man. أثاره et وتحسن; j'ai suivi le man. A. du Kaláyid d'al-Fath.

5) Le man. A. porte الخطوط et وتبتسم.

6) A. بتلعة:

قالو نقلت ارض خطايا لاقبلت   تهنيه بغدلا باعربا او معص
وله فى المعتمد محمد بن عباد عبد اجازته للجر مسكنيا بيوسف
ابن تشغين'

بهمرون علينا مركب انغماحك أن نرى
معنى العلا لمّا نبيا مركب الخُمرُد'
فاخجرنا' أجاج المباحر نبغى: زلالله
ولقناه جنى الشريان' ليمى' جنى الشهد
نبذكرنا لك المعبيب لنا طمسى
تملى كفك الهامى على القرب والبمعد

ومنها

محمد يَدئْن الاكرميين ارومة   ليهنيك تشييد المكارم والمجد
فلو خُلّد الانسان والمجد وانتقى   وآلّاه الحسى لهلنيت بالحنالد

---

1) Le man. A. porte للجيربا.

2) Les vers suivants se trouvent aussi dans les manuscrits A. et C. (bibl. nation.
784 collationné par M. Defrémery) d'al-Fath.

3) Au lieu de نبرى on lit الفلبى dans A. et C., et au lieu de
(je suppose qu'il faut sous-entendre الفلبى; cp. de Sacy, Gramm. arabe, II, p. 468)
نبرى chez I.—A. Au lieu de نبيا on lit قبيا chez I.—A. et تنا dans C. Au
lieu de الخمرو (A.) et الخمرون (C.), I.—A. الجهل مَرَكَب est le m. d'act. et le sens est:
«Il ne nous répugne pas de monter à bord, et nous nous disons: Allons voir ce
noble visage à présent que nous avons quitté nos montures;» mais le jeu de mots
sur ce double مركب disparaît dans une traduction française.

4) فاخجرنا portent les man. A. et C., et on lit chez I.—A: دكرب (sic).

5) I.—A. ولقلت et تبغى.

6) شريان est l'équivalent de شَرى (colonialis); voyez Lane. Dans le man.
d'I.—A. où il y a ici une lacune, le mot a été omis.

7) I.—A. نبغى.

وله[1]

أجنّد فرى لم يَبْلُ شوقُه تجلّدا   ووجدنا الا ما أنتم لجبُّ أذنحبها

وما زال فدا الدعو يلبحسن في البرى   فيرافع مجرورا ونُحْفِص ميتلدا

ومن لم يعط والناس علبنا فتى   بلوثهم شبي مسبودا وسبّددا

وله وكان موئعا بالخبر منهمكا فيها

خليلي الى قد طربت الى الملاس   وتُشفت الى شمّ البنفسجِ والآس

فقوموا ربا نلهو ونستبع المغنا   ونسرق فدا البوم سرّا من الناس

فليس علبنا في التعلّل سابحة   وإن وقعت في عقب شعبان من باس

Recherches, 3ᵉ édit., t. I, p. LIX, l. 5, Substituez
à وكوله. — Avant-dern. l. E. سكينة اسْملِكب ; substituez donc à
ma traduction (p. 280, l. 7 et 8) celle-ci : «vous trouverez que
ce roi a l'air majestueux d'un ange.» — Notices, p. 197,
avant-dern. l. E. (sic) بيسبير والبربكير .... زبذنلي ; lisez
والسربرتير ; c'est le Reberter ou Rererter dont j'ai parlé dans mes
Recherches, 3ᵉ édit., t. II, p. 437 et suiv. — N. 1 et 2. Recherches, 3ᵉ édit., t. I, p LVIII, l. 16—LIX, l. 19. — P.
198, l. 10. Selon Müller il serait clair qu'avant مورتيبا il faut
ajouter la copulative. Cela prouve qu'il n'a pas compris cette
phrase, qui signifie : «celui qui éteignit le feu des guerres ci-
viles, que l'anthropomorphisme (des Almoravides) avait allu-
mé.» — Recherches, 3ᵉ édit., t. I, p. LX, l. 1 (التصخراوينا)
l. التصحراوينا (E.). — Notices, p. 199, l. 3. E. a ici قسّى,
mais plus loin deux fois قسّى. — N. 1. Recherches, 3ᵉ édit.,
t. I, p. LX, l. 1—4. — P. 200, l. 3 (برتعو) sans point dans
E, et Müller observe avec raison qu'il faut lire يرتعو. — Dern.

---

1) Les vers suivants se trouvent aussi dans le man. A. d'al-Fath.
2) Au lieu de لم يبل دعرا et لجبُّ de لم يبل شوقُه, on lit dans A الوجد.

l. E. حورسون (sic). Son nom était Ibn-Harboun, comme on le voit par Ibn-Çâhibi-'ç-çalât, qui a copié plusieurs longs poèmes qu'il composa à la louange des Almohades (50 v., 51 r., 63 v., 71 r., 92 v., 94 v., 96 r.). — P. 201, l. 4 (إستمناح) l. كومستماح (Fleischer). — L. 12. J'adopte volontiers les deux corrections proposées par M. de Goeje et approuvées par M. Fleischer, خَلِيْنَة et خَوْلِيْنَة; mais بَعْقَة الغلام reste obscur. — L. 16. E. لانتسام, ce que Müller approuve, mais نسم n'a pas même de VIIIe forme et je crois qu'on peut employer ابتسم en parlant de fleurs comme on dit تبسم الأنواع. — N. 1. E. تلعم (sic). — P. 202, n. 1, E. comme j'ai corrigé. — L. 8 et n. 2, الدّعى (E.) semble bon, le faux prophète. — P. 204, n. 2. E. comme j'ai corrigé. — P. 205, n. 1. Lacune dans E. — P. 206. Après l. 8 E. a encore ce vers:

فَذَكَّرَ الحسود لِما بِه فداوَاه فى موتِه وحيِّته مَن قائِه —

L. 13. Lisez شِيَم كازهار الربيع (E.) et prononcez النّاجم. — L. 17 (مبور) lisez تَبْبور. — L. 19. M. Fleischer propose de lire يَبْقَى لِذِى, et de traduire: «Se trouve-t-il dans ce monde parmi les hommes un ami qui, lorsque le bonheur se détourne de quelqu'un, lui reste fidèle? Certes, c'est difficile!» — P. 207, n. 2 et p. 209, n. 2. E. comme j'ai corrigé. — P. 210, l. 7. E. يَبْذر. — L. 8. Lisez الحاج*. — P. 211, l. 3. Lisez خَبِى (E.) et أَعْلى. — L. 17. Il ne manque rien ici; c'est الى جعفر بن أَبَى القرطى; dans E. أَبَى. — N. 1 et 2. E. comme j'ai corrigé. — P. 212, l. 9. Lisez ابو عبد اللك (E.) 'فاجتمع. — L. 11. Lisez (E.). — N. 1. E. comme j'ai corrigé. — P. 214, l. 7. E. لَقْفَت. — L. 9. Lisez بانواجنبست*. — P. 215, l. 13. Mieux

ولخثم. — P. 216, l. 7 (ارائم) l. أرائكم comme on trouve dans le man. B. d'Ibno-'l-Khatîb (article sur Abou-Djafar Ahmed ibn-Atiyah). — L. 15 (عدو) E. mieux عدوى. — Les 4 dern. l. Ecrivez الرسائل et السياسه, مذكور et مذكور, et الريسه et الرياسه et والتحقيق et والتشقيق. — N. 1. E. comme j'ai corrigé. — P. 217 à la fin. Ecrivez ولاتكم et جماعة. — N. 1 et 2. E. comme j'ai corrigé. — P. 218, l. 7 (يامرون) l. يؤمر (E.). — l. 10 (امير) l. لامم (E.). — P. 219, l. 2. E. بالقلقلى. — L. 5 (المارته) l. امرته (E.). — L. 7. E. comme dans n. 1; lisez فيبرى et voyez mon *Suppl. aux dict. ar.*; cp. aussi p. 133, l. 7, avec ma note dans cet opuscule. — P. 220, l. 5 a f. (يبغتص) E. نعتص; lisez نقص, *le manque de talents*. — P. 221, l. 3. E. الخارى (*sic*); l. الخارق. — L. 4. Après بلده ajoutez وكنيته (E.) — P. 222, n. 1 et 2. E. comme j'ai corrigé. — L. 15 (يلد) l. يليد (E.). — P. 223, l. 6 (فتنت) l. فتنت (E.). — L. 9. Le premier hémistiche est altéré de la même manière dans E. M. de Goeje veut lire جائلا كالقداح et il cite ces paroles de l'*Asâs*: تقول أجيلت القداح وأديرت الاقداح. Dans le second hémistiche E. a اترا; c'est donc وصلت بد ذكرا كالحسام. — N. 1 et 2. E. comme j'ai corrigé. — Avant-dern. l. Lisez وجارتم (E.). — *Recherches*, 3e édit., t. I, p. XLIII, l. 2. Lisez بعد (E.). — L. 3 مقتل منذر بن يحيى بن منذر بن يحيى التحيبى. — L. 7. E. a bien منذر, mais un peu indistinctement. — *Notices*, p. 225, l. 6. Après اربعا ajou z الرابع (E.). — L. 9. Les mots جبله المقتدر doivent être transposés, comme le copiste de E. l'a indiqué par les signes ى et خ; par conséquent المقتدر جبله. — P. 226, l. 4 a f. (مثلا) l. الالا (E.).

— P. 227, l. 3. Lisez تُزَجَرُ الْغَلَاةُ الْأَمُونُ d'après E., qui a
ب. — N. 1. E. a bien انيق, mais le second point du ب
est un peu indistinct. — L. 8 (خطِرة) l. فطِرة (E.). — L. 14.
Ajoutez لَ après والله (E.); par conséquent والله لَ تَسْلُكِي أَنْظُر.
— L. 17 (لم) l. لم (E.). — N. 2. E. comme j'ai corrigé. —
P. 228, l. 2. E. a aussi deux blancs dans ce vers, mais Müller
remarque avec raison qu'il n'y manque rien. Ecrivez donc:

انا فى أمّة تَدَارَكَها اللـهُ غَرِيبٌ كَصَالِحٍ فى ثَمُودِ

J'ajoute que c'est un vers de Motanabbí et qu'il faut comparer
à ce sujet ce que Lane dit sous درك VI. — L. 5. Note marginale de E: ارى بليل ابن حلاج لليل امرء القيس حيث يقول

وليلٍ كموج البحر أرخى سُدُولَه عَلَىَّ بـأنْـواع الهموم لِيَبتَلى

اشار بليل منبج الى قول عبد الملك بن صالح المقدسى حيث سئله
الرشيد عن دار منبج فكان من وصفه لها ان قل ليلها سَحَرٌ كُله
Le vers d'Imra al-kais se trouve dans sa Moallacah. Pour
l'anecdote cp. Yâcout, t. IV, p. 655, l. 20. — L. 6. M. de
Goeje remarque: Je crois qu'il faut lire بمزنَّجٍ, *obscurci*, proprement: devenu noir comme un nègre; cp. Abdo-'l-wáhid,
2e édit., p. 126, l. 7; un homme qui a l'aspect d'un nègre,
est appelé مزنَّج الخلقة dans l'*Agâní*, t. VII, p. 20, l. 10 a f. —
L. 8 (ذَنبَك) l. *ذَنبَك. — L. 15. E. التَغْلِبى; l. التَغْلِبى; cp. al-
Makkarí, t. I, p. 186, l. 12 et 13, Abdo-'l-wáhid, p. 123. —
L. 18. Je ne comprends pas ce دلك. — P. 229, n. 1. E. comme
j'ai corrigé. — L. 11. Le second hémistiche pèche contre la
mesure; aussi E., qui le donne de la même manière dans le
texte, a sur la marge نثر او اصح, avec la remarque صواب معنى
l. (وداحى) انبيت ووزنه. et cette leçon est la bonne. — L. 12

رباح (E.). — P. 230, l. 3. Ecrivez الأبجد» et «الأبجد. — L. 4. Après وي ajoutez قرية (E.). — N. 1. E. comme j'ai corrigé. — L. 11. Ecrivez مستبد» et «مستند. — L. 15. Ecrivez بالحروب» et «والغروب. — P. 231, n. 2. E. comme j'ai corrigé. — L. 7. Lisez وإدخلها (E.). — P. 232, l. 16. Lisez فتكبرت (E.). — Dern. l. La grammaire exige زمران. — P. 233, l. 1. Lisez تمجيد بن الاراق l. (الاراق l.) — L. 5 E. جنتم, l. جنتم. — L. 16 (الاراق l.) بأسها (E.). — L. 5 E. جنتم l. جنتم. est le pl. de واقية, fém. de واق, comme dans ce vers de Mohalhil, cité dans le *Mohit*:

— حربت صدرها التي وأنت يا عدي لقد وقتك الاراق

N. 3. E. بيحبج (sic). — P. 234, l. 6. Pour obtenir un sens il faudra lire: ولذلك فى النثر مزينة ولهذا فى الشعر «celui-là excelle surtout dans la prose rimée, et celui-ci dans la poésie.» — L. 8. Lisez والمغران (E.). — L. 13. Lisez ينفد العمر (E.). — L. antépénult. Lisez خذوا (*punissez*) et حادى المهارا (*le con-ducteur des chameaux*; مهارى est un plur. de مهرية, que Freytag a oublié, mais qu'on trouve dans les dict. des indigènes). — P. 235, l. 1. E. بهار (sic); l. بهار (Müller). — L. 12 et n. 2. Ma correction est confirmée par al-Makkari, t. II, p. 219. — L. 13 et n. 3. E. الأمنى. — L. 19 et n. 4. E. a اللم. — P. 236, n. 1. E. comme j'ai corrigé. — L. 17. Lisez ابو عبد محمد بن عبد الله بن محمد بن سعد والمزية avec E., où les mots عبد الله بن محمد بن se trouvent sur la marge. — P. 237, n. 1. E. comme j'ai corrigé. — L. 15 (يقصى l.) يقصى (E.). — L. antépénult. دمكا aussi dans E., mais lisez كمانا. — Avant-dern. l. De même dans E., mais il faut استنقالنا. — P.

238, n. 1 et 2. E. comme j'ai corrigé, mais pas très distinctement. — L. 7. Lisez ولى احمد جعفر, comme le copiste de E.
l'a indiqué par les signes خ et ق. — Avant-dern. l. Lisez
خيانة خيون (E.). — Dern. l. Le dernier mot du premier hémistiche est indistinct dans E., mais Müller juge avec raison
que c'est قصر, c.-à-d. قصر. — P. 239, l. 4 a f. De même dans
E., mais le copiste a mêlé le 1er hémistiche du 3e vers avec
le 2d hémistiche du 4e, comme on voit par al-Makkarí (t. II,
p. 762), qui donne:

فلا صدر الا فيه صدر متثقف   وحسّى النوريسد للحسام ورود

— صمبرنا ولا تهف سوى النبيص والقنا   كلانا على حبر لخلاد جليد

Les deux dern. l. et n. 1. A corriger ainsi d'après E.:

قوّسوا وللبيص الرقّ بهامهم   صليل وللشّمر البطـول ورود

وله فى النسيب

ومرنّح الاعطاف تحسب انه   متعلل ايضا يعرف مدامه

Mais le poète ayant déjà employé ورود dans la rime du 3e vers,
il n'a pas pu le répéter dans celle du 6e. Aussi al-Makkarí
donne-t-il de ce dernier une autre rédaction, à savoir:

— قوّلوا وللسّمر الطّوال بهامع   ركوع وللبيص الرقّ سجود

P. 240, l. 1 وللّجفين dans le texte et la
véritable leçon واللّام, sur la marge. — P. 242, l. 5 a f. (واد)
mieux وادى. — N. 1. E. comme j'ai corrigé. — Dern. l. Lisez
لغد (Müller). — P. 243, l. 2 et n. 1. Cet hémistiche est bon
pourvu qu'on ajoute كمثل après لخسوم (E.). — N. 2 et 3. E.
comme j'ai corrigé. — L. 9. Lisez *حصتبنت. — N. 4. E.
يليتنى; on peut écrire يليتنى. — N. 5. E. comme j'ai corrigé. —

Dern. l. Lisez الحصرى (E.). — P. 244, l. 2. Lisez الابيت. —
L. 10 (يسعى). Lisez يَسْقى (Fleischer). — N. 2. E. comme j'ai
corrigé. — P. 245, n. 2. Même remarque. — L. 9. Le premier mot est indistinct dans E., et la conjecture de Müller,
انـيـن, ne vaut rien; mais il est certain qu'il faut lire أُيَّيْن. —
L. 14. Lisez ذأنت نزعتها (E.). — L. antépénult. (انعزبا) l. الضربا
(E.); c.-à-d. انـتـربا, le miel. — P. 247 (نصح) E. نصح, ce qui
revient au même. — L. 16. Lisez يوسف. — P. 248, l. 7 et
8. E. يَلْقى الوفود، مُرَجّبـاه ويلقى كـمـا et مرحبا; je lis: ولقى
لقى عوّن لجون الذى تفيل فيه لجـدون منشنخباه dans le sens
d'accorder, concéder, donner. — L. 11 et n. 1. Lisez تحبيبير
(E.). — L. 19. عبش semble aussi dans E., mais comme un
tel nom n'existe pas, il faut lire عَـيّـاش. — L. antépénult.
(رتعك) l. ربعك (E.). — P. 249, l. 10. Ecrivez انعلوم et والمنظوم,
— L. 17. Lisez شاجبا et نجبا (E.). — L. antépénult. Lisez
اعتاب et ادل (E.). — P. 250, l. 1. C'est فى نبا en deux mots.
— L. 5. Lisez من اوتى شجو أعداه لاحبابى (E.). — L. 9. Lisez
نُبا (E.). — L. 10. E يَـسْـقى, mais lisez يَـسـعى. — Avant-
dern. l. et n. 1. Ce mot est sans points dans E.; il faut lire
الـنـخـلـف, «il portait des chaussures d'alfa, de sparte.» — P.
251, n. 1 et 2. E. comme j'ai corrigé. — L. 13. Cette porte
est nommée باب ابن عبد لجبار dans al-Makkari, t. 1, p. 303,
l. 3 a f. — P. 252, l. 5. وحضّه est aussi dans E., mais lisez
وحضه et cp. mon Suppl. aux dict. ar., t. I, p. 300 b. Corrigez
ensuite: وامر له بكسا ولجماعة بسى امينة (E.). — L. 7 et 8. Ces
deux lignes semblent avoir embarrassé Müller, car il a noté

qu'elles sont ainsi dans E. Puis il a ajouté une note en allemand et au crayon, où il dit: «Le gâteau de dattes [fait à
Cordoue] ne réussit pas aussi bien que celui qui avait été pré-
paré à Murcie (Todmír); Mançour l'attribua à l'air.» C'est une
bévue assez plaisante. Sans s'inquiéter ni du verbe حكم, qui
ne signifie jamais *attribuer*, ni des mots تحويسه; Müller a
prononcé للهَوا, au lieu de للهَوا ou اللهَوى. L'expression
للهوى ou بالهوى signifie *juger selon sa fantaisie*, contre droit et
raison; voyez mon *Suppl. aux dict. ar.*, t. II, p. 772 a. Le
sens est donc que, bien que le gâteau fût moins bon que
celui qu'Almanzor avait mangé à Murcie, il déclara néanmoins
par fantaisie qu'il était excellent. → N. 2. E. comme j'ai corrigé. — P. 253, n. 1. Même remarque. — P. 254, l. 9 E.
ومتغير — L. 17 et n. 1. Müller a noté: «خليلى; un peu indistinctement; le copiste [du man. de Paris] semble avoir pris
le *teschdíd* pour لم» — N. 2. E. comme j'ai corrigé. — Avant-
dern. l. عوايق (عوايق E. وازو (وارخو l.) (E.). — P. 255, l. 7
mais le second point du ي est presque invisible; c'est donc
عوائق — L. 16 (مى l. (من*. — N. 2. E. comme j'ai corrigé. — P. 256, n. 1. Même remarque. — N. 2. E. تبيم.

Notices, p. 258, l. 7 et suiv. J'ai collationné cet article sur
le man. de Berlin (Petermann, n° 75) et je noterai ici ses
principales variantes en le désignant par le sigle B. — L. 10.
Lisez مدين et biffez la note 2. p. l'*Akhbár*, Cp. 152, l. 9 et
ma note. — L. 17 et n. 3 تـنـبذ est aussi altéré dans B., qui
a فيه avec un point en haut entre les deux dernières lettres.

Puis il a سادة كحشل الاسود. — L. 18 (فى السيف). B. omet فى
et Ibn-Haiyán a باسبق. — P. 259, l. 2 (مثلو) l. قتلوه comme
chez Ibn-Haiyán. — L. 7. المغقود est dans Ibn-Haiyán المحبود
et dans B. القدود, leçon qui me semble mériter la préférence. —
L. 8 (النقل) l. انتقى avec B. et Ibn-Haiyán. — L. 9 (غل) l. عل
(Ibn-Haiyán).

ADDITION

Pour la pag. 39, l. 8 et suiv. M. de Goeje me fait remarquer
que اسكاز dans le sens de اجاز se trouve aussi chez Tabarí, I,
p. ١٣٧v, l. 8 (= Ibn-Hichám, p. 383, dern. l.).

FIN.

Ouvrages du même auteur:

Imprimerie de E. J. BRILL, à Leide.

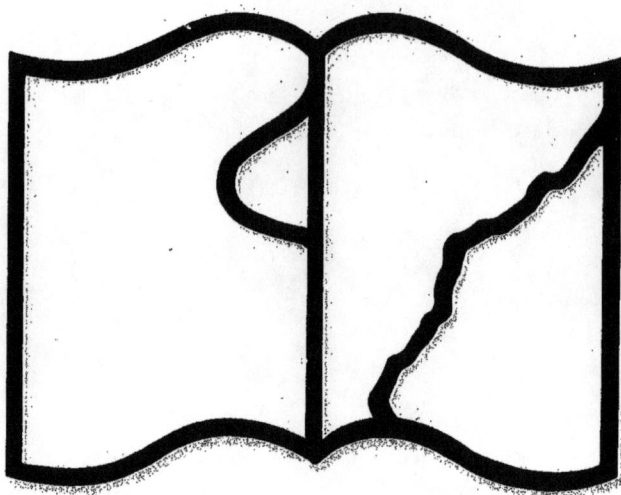

Texte détérioré — reliure défectueuse

NF Z 43-120-11

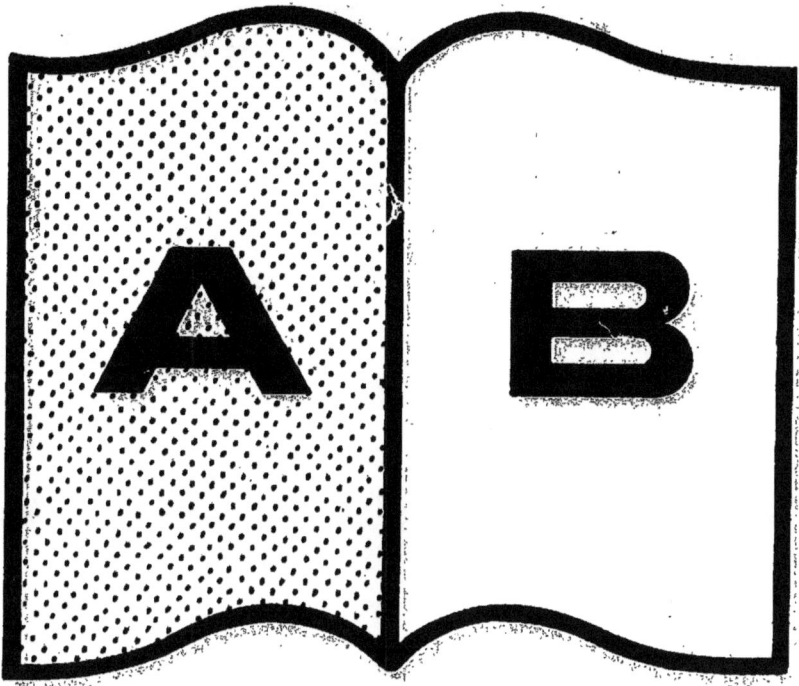

Contraste insuffisant

NF Z 43-120-14